Inhalt

  I. Kommentar, Wort- und Sacherklärungen . . .   5
 II. Zur Entstehungsgeschichte 47
III. Zur Rezeptionsgeschichte 52
 IV. Perspektiven der Forschung 59
  V. Beziehungen zu anderen Werken Hesses 70
 VI. Hesses politischer Standort 74
VII. Hesse und die Psychologie 79
VIII. Literaturhinweise 83
 IX. Abbildungsnachweis 86

Inhalt

I. Einleitung
II.
III.
IV.
V.
VI.
VII.

I. Kommentar, Wort- und Sacherklärungen

Hermann Hesses *Demian* liegt u. a. vor in Band 5 der *Gesammelten Werke in zwölf Bänden* (Frankfurt a. M.: Suhrkamp, 1987; suhrkamp taschenbuch, 1600) – hier zitiert als: GW – und der mit dieser Edition band-, seiten- und zeilenidentischen »werkausgabe edition suhrkamp« (Frankfurt a. M.: Suhrkamp, 1970), ferner als Einzelausgabe Frankfurt a. M.: Suhrkamp, 1974 [u. ö.] (suhrkamp taschenbuch, 206), die mit dem Text der Werkausgaben von 1970 und 1987 ebenfalls seiten- und zeilenidentisch ist. Die Seiten- und Zeilenangaben können somit auf die Bände dieser drei Ausgaben bezogen werden.

3 [Titel] *Demian:* »Der Name Demian ist nicht von mir erfunden oder gewählt, sondern ich habe ihn in einem Traum kennengelernt, und er sprach mich so stark an, daß ich ihn auf meinen Buchtitel setzte. Später, als das Buch längst erschienen war, erfuhr ich, daß er auch als Familienname wirklich vorkommt, auch in der italienischen Form Demiani.« (Brief Hermann Hesses vom 8. Dezember 1955; GW 11, S. 36.) Verschiedentlich wurde versucht, reale Vorbilder für die Gestalt Demians nachzuweisen: Frank Baron sieht in ihm Hesses Maulbronner Mitschüler Gustav Zeller (F. B., »Who was Demian?«, in: *The German Quarterly* 49, 1976, S. 45–49); Hermann Müller dagegen vermutet, Hesses Freund Arthur (Gusto) Gräser, mit dem der Autor während der Niederschrift des Romans in lebhaftem Kontakt stand, habe die Gestalt Demians geprägt (H. M., *Hermann Hesse – Gusto Gräser. Eine Freundschaft*, Wetzlar 1977). Eine vollkommen andere Deutung gibt Hugo Ball, Hesses erster Biograph, diesem Namen: Demian sei Emil Sinclairs »Dämon«. Auch Joseph Mileck argumentiert: »Demian is Sinclair's *diamōn* – his admonishing inner voice, his guiding spirit – in every sense of the word.« (J. M., »Names and the

Creative Process«, in: *Monatshefte für deutschen Unterricht, deutsche Sprache und Literatur* 53, 1961, S. 167 bis 180, hier S. 171.)

3 [Untertitel] *Die Geschichte von Emil Sinclairs Jugend:* »Sinclair war das Pseudonym, das ich einst, in der bittersten Prüfungszeit meines Lebens, für einige meiner Aufsätze während des Krieges von 1914 und dann für den ›Demian‹ gewählt hatte, nicht ohne dabei an Hölderlins Freund und Gönner in Homburg zu denken, dessen Name mir seit frühester Jugend teuer war und einen heimlichen Klangzauber besaß.« (Vorwort zu einer Neuausgabe von »Sinclairs Notizbuch« 1962; GW 11, S. 33.) Gemeint ist Isaak von Sinclair (1775–1815). Zur pseudonymen Erstveröffentlichung vgl. die Erläuterungen in Kap. II.

7,1 ff. [Motto] *Ich wollte ja nichts …:* Zitat aus dem 5. Kapitel (95,36–96,2). Das Motto entwirft bereits das »Programm« des Romans: Selbstfindung durch Verwirklichung des aus dem eigenen Inneren hervorbrechenden »ganzen Menschen«. Bei Carl Gustav Jung, mit dessen Lehre sich Hermann Hesse während der Entstehungszeit des *Demian* lebhaft auseinandersetzte (vgl. Kap. II), bedeutet Individuation die ›Verwirklichung des ganzen Menschen‹: »Der ichbewußte Mensch bedeutet nur einen Teil des lebenden Ganzen, und sein Leben stellt noch keine Verwirklichung des Ganzen dar. Je mehr er bloßes Ich ist, desto mehr spaltet er sich vom kollektiven Menschen, der er auch ist, ab und gerät sogar in einen Gegensatz zu diesem. Da aber alles Lebende nach seiner Ganzheit strebt, so findet gegenüber der unvermeidlichen Einseitigkeit des Bewußtseinslebens eine beständige Korrektur und Kompensation von seiten des allgemein menschlichen Wesens in uns statt, mit dem Ziele einer schließlichen Integration des Unbewußten oder besser, einer Assimilation des Ich an eine umfangreichere Persönlichkeit.« (C. G. Jung, *Vom Wesen der Träume*; *Gesammelte*

Werke, Bd. 8, hrsg. von Marianne Niehus-Jung [u. a.], Olten 1976, S. 322.)

7,4 ff. *Um meine Geschichte zu erzählen ...:* Hermann Hesse beginnt seine Romane oft mit einem Vorspann, der den Leser auf das erzählte Geschehen vorbereitet und ihm Deutungshilfen an die Hand gibt (vgl. *Der Steppenwolf, Das Glasperlenspiel*). Der Erzähleinsatz weist den Roman bereits als fiktive Autobiographie aus; ein rückblickender Ich-Erzähler zeichnet sein Leben auf.

7,7 *in die Ferne meiner Herkunft zurück:* Hier klingt bereits Pistorius' Auffassung des Menschen als eines gewordenen, die Stufen seiner Entwicklung in sich bewahrenden Lebewesens an. Vgl. Anm. zu 104,26–29.

7,9 f. *Die Dichter ... als seien sie Gott:* Kritik an dem allwissenden Erzählen, das über Stoff, Handlung und Figuren souverän verfügt. Dieses Erzählen, das seit dem 18. Jahrhundert im deutschen Roman vorherrschte, wurde im frühen 20. Jahrhundert fragwürdig.

7,13 f. *Das kann ich nicht, so wenig wie die Dichter:* Mit seinen Zweifeln an der Erzählbarkeit der Welt legt der Roman Zeugnis ab für die »Krise des Romans«, die sich in anderen Prosatexten des frühen 20. Jahrhunderts bis zum Ausdrucksverlust und Sprachzerfall steigert. Vgl. Hugo von Hofmannsthals *Brief des Lord Chandos* (1902), Rainer Maria Rilkes *Die Aufzeichnungen des Malte Laurids Brigge* (1910).

7,16–19 *die Geschichte eines Menschen ... eines wirklichen, einmaligen, lebenden Menschen:* Als einen möglichen Ausweg aus der Erzählkrise sieht der Autor die bewußte Beschränkung auf die Ich-Form und das Selbsterlebte. Dieser Wahrheitsanspruch, der das Erzählte als tatsächlich geschehen ausweisen und so seine Glaubwürdigkeit steigern soll (Authentizitätsanspruch), hat eine lange literarische Tradition; besonders gern wurde diese Form der Beglaubigung für ungewöhnliche, die Vorstellungskraft des Lesers herausfordernde Ereignisse gewählt, etwa in Daniel Defoes *Robinson Crusoe* (1719).

7,21–23 *man schießt denn auch die Menschen ... zu Mengen tot:* Der Roman entstand 1917 während des Ersten Weltkriegs und erschien unmittelbar nach Kriegsende. Vgl. zur Entstehungsgeschichte Kap. II.

7,27 ff. *Jeder Mensch ist aber nicht nur er selber ...:* Anspielung auf den überindividuellen Charakter der menschlichen Existenz; vgl. Anm. zu 63,19–21; 104,26–29 und 105,16 f.

8,1 f. *den Willen der Natur erfüllt:* Das Naturganze folgt biologischen Gesetzmäßigkeiten, denen auch der Mensch unterworfen ist (s. auch 56,22 f.).

8,3 *Geist:* Gemeint ist der Geist Gottes.

8,4 *Kreatur:* die leibliche Existenz im Unterschied zur geistig-seelischen.

8,4 f. *Erlöser gekreuzigt:* Vergleich mit dem Kreuzestod Christi. Biblische Anspielungen finden sich in diesem Roman häufig. Vgl. Anm. zu 28,22.

8,7 f. *wie ich leichter sterben werde ...:* Vorausdeutung auf das Ende des Romans, Sinclairs Verwundung und möglichen Tod. Der Roman kann insgesamt gelesen werden als rückblickender Lebensbericht eines todkranken Soldaten.

8,11 f. *die Lehren zu hören, die mein Blut in mir rauscht:* Menschwerdung erscheint hier bereits als Weg nach Innen, den jeder für sich allein finden muß. Vgl. Anm. zu 126,35–127,1.

8,19 *Versuch eines Weges:* Selbstverwirklichung als Unterwegssein gestaltet Hesse in seinem späteren Roman *Siddhartha* (1922) in der steten Bereitschaft, sich zu verändern und Hüllen abzustreifen.

8,22 f. *Jeder trägt Reste ... Urwelt:* Das Bild umschreibt die Teilhabe des Menschen an den Vorformen menschlicher Existenz. Vgl. Anm. zu 104,26–29.

»Das ist das Vater- und Großvaterhaus. Hier spielen
›Kinderseele‹, ›Demian‹, etc. etc.«
(Handschriftlicher Bildkommentar Hermann Hesses)

8,31 *deuten kann jeder nur sich selbst:* Die hier betonte Vorherrschaft des eigenen Ich macht die folgende Geschichte von vornherein gegenüber jeder Kritik und jeder abweichenden Interpretation unangreifbar. Die gültige Deutung des Geschehens wird allein dem erzählenden Ich zugesprochen.

9,2 *Zwei Welten:* Die Überschrift des 1. Kapitels benennt den Grundkonflikt des Romans: die scheinbare Unvereinbarkeit zweier gegensätzlicher Seinsbereiche. In seiner Erzählung *Kinderseele* (1919) greift Hesse dasselbe Thema noch einmal ausdrücklich auf, als Grundproblem seiner Dichtung jedoch durchzieht es sein gesamtes Werk. Vgl. Anm. zu 63,14.

9,5 *wo ich zehn Jahre alt war:* Aus hin und wieder in den Text eingestreuten Zeitangaben läßt sich die erzählte Zeit in etwa rekonstruieren: mit 10 Jahren begegnet Sinclair seinem Widersacher Franz Kromer; mit 16 führt er in St. ein liederliches Kneipenleben; mit 18 Jahren trifft er Pistorius; ungefähr zwei Jahre später zieht er als Soldat ins Feld.

9,5 f. *Lateinschule unseres Städtchens:* Lateinschulen waren jene selbständigen kleineren Schulen, deren Hauptfach Latein war; sie umfaßten die Unterklassen des Gymnasiums. Hesse selber besuchte als Zehnjähriger die Lateinschule in Calw, jenem Städtchen, in dem er die prägenden Jahre seiner Kindheit verbrachte und das er später immer wieder als Schauplatz seiner Romane und Erzählungen wählte.

9,8 f. *dunkle Gassen und helle Häuser:* Der Gegensatz von »hell« und »dunkel« durchzieht den gesamten Roman; ihm entspricht der Gegensatz von »gut« und »böse«, »erlaubt« und »verboten«. Bis in die Satzfügungen hinein macht sich so die polare Struktur der Wirklichkeit geltend.

9,23 *Morgenchoral:* Hermann Hesse entstammte einer streng religiösen, pietistischen Familie. Seine Mutter wurde als Missionarstochter in Indien geboren; sein Vater war nach vorübergehender missionarischer Tätigkeit in Indien später im Missionshaus in Basel und als Leiter des Calwer Verlagsvereins, der unter anderem religiöse Schriften publizierte, tätig. In Hesses Briefen finden sich zahlreiche Zeugnisse der heftigsten Auflehnung gegen die rigorose Strenge des pietistischen Elternhauses (vgl. die von Ninon Hesse herausgegebenen Dokumente, *Kindheit und Jugend vor Neunzehnhundert*).

10,10 *Polizeidiener:* städtische Polizisten.

10,15 *von Landjägern:* Landjäger, auch »Gendarmen« genannt, versahen ihren Polizeidienst in den damaligen Landkreisen. Hesse selber wurde nach seiner Flucht aus der Klosterschule in Maulbronn (1892) von einem Landjäger ins Seminar zurückgebracht.

11,3 f. *ich lebte auch im andern:* Schon als Knabe empfindet Sinclair die Existenz zweier unterschiedlicher Seinsbereiche auch als innere Zerrissenheit, unter der er leidet.

11,18 *Geschichten von verlorenen Söhnen:* Anklang an das biblische Gleichnis vom verlorenen Sohn; Lk. 15,11–32. Wiederholt taucht diese Anspielung im Roman auf, um zu betonen, daß Sinclairs Verfehlungen für ihn von existentieller Bedeutung sind (s. 19,13 f.).

12,20 *Leidenschaft und Heftigkeit:* Hesses Mutter klagt in ihren Tagebuchheften des öfteren über das zügellose Wesen Hermanns: »der Bursche hat ein Leben, eine Riesenstärke, einen mächtigen Willen [...]. Es zehrt mir ordentlich am Leben dieses innere Kämpfen gegen seinen hohen Tyrannengeist, sein leidenschaftliches Stürmen und Drängen« (zit. nach: B. Zeller, *Hermann Hesse in Selbstzeugnissen und Bilddokumenten*, S. 15 f.). Der Vater überlegt gar in einem Brief vom 14. November 1883: »ob wir ihn nicht in eine Anstalt oder in ein fremdes Haus geben sollten. Wir sind zu nervös, zu schwach für ihn, das ganze Hauswesen nicht genug diszipliniert und regelmäßig« (zit. nach: *Kindheit und Jugend vor Neunzehnhundert*, Bd. 1, S. 13).

13,9 *Franz Kromer:* Von dieser frei erfundenen Romange-

stalt sagt Hesse in einem Brief vom 8. Dezember 1955:
»Natürlich lebt auch der Knabe Kromer das, was aus ihm
herauswill. Er tut es auf niederer Stufe und wird, falls er
nicht höher steigt, entweder als Bankdirektor oder als
Zuchthäusler enden. Immerhin geben seine Quälereien
und Gemeinheiten dem geplagten Sinclair den Anstoß zu
wertvollen Entwicklungen.« (GW 11, S. 36 f.)

13,14 *Brücke:* Die Brücke über die Nagold in Calw taucht
auch in anderen Werken Hesses auf. Vgl. die in dem Band
Gerbersau zusammengefaßten Erzählungen, die in Calw
und in Schwaben spielen.

14,17 *Reinetten:* frz. *renette*, wohlschmeckende, saftige
Apfelsorte.

14,17 f. *Goldparmänen:* beliebte, altbewährte europäische
Apfelsorte.

14,23 *Schildwache:* im Mittelalter der Posten bei den vor
der Wachtstube aufgehängten Schilden, später der Posten
vor Kasernen u. ä.

15,5 *Bei Gott und Seligkeit:* Sinclair leistet damit einen
falschen Eid, der ihn in der Folge noch tiefer in sein
Gefühl von Schuld und Sünde verstrickt (s. 19,18).

15,11 *pressieren:* eilig sein.

17,6 *angeben:* hier in der Bedeutung von ›verraten, an-
zeigen‹.

18,34 f. *wie ein Schatten:* Die dunkle, schattenhafte Existenz Kromers wird wiederholt betont. An anderer Stelle
bedeutet »Schatten« weitergehend: Spiegelbild des eigenen, bösen Ich; vgl. 19,28 und Anm. zu 35,21.

19,16 f. *ich war tief und schuldvoll ... versunken:* Dieser
Satz möge als Beispiel für die Gefühlssprache in diesem
Roman dienen. Durch Doppelungen, die ein ähnliches
Phänomen von verschiedenen Seiten beschreiben, entsteht
jene Intensität, die den sich identifizierenden Leser in
ihren Bann schlägt.

19,18 *Sünde:* Die Verfehlungen des Kindes verstoßen gegen
die elterliche Moral und die göttlichen Gebote.

21,20 *Es war ein erster Riß:* Den Widerstand gegen die

elterliche Autorität, der den Knaben Hermann Hesse viele
bittere Tage gekostet hat, rechtfertigt der Erzähler hier als
unverzichtbare Notwendigkeit für jeden Heranwachsenden.

Hesses Konflikt mit den Eltern, vor allem mit dem Vater,
mögen zwei Briefe dokumentieren, die der Fünfzehnjäh-
rige während seines Aufenthaltes in der Heil- und Pflege-
anstalt Stetten bei Stuttgart schrieb, wohin ihn die Eltern
1892 nach seiner Flucht aus der Klosterschule Maulbronn
gebracht hatten.

Im Brief an die Eltern Johannes und Marie Hesse schrieb
er am 11. September 1892: »Meine letzte Kraft will ich
aufwenden, zu zeigen, daß ich nicht die Maschine bin, die
man nur aufzuziehen braucht. Man hat mich mit Gewalt
in den Zug gesetzt, herausgebracht nach Stetten, da bin
ich und belästige die Welt nimmer, denn Stetten liegt
außerhalb der Welt. Im Übrigen bin ich zwischen den vier
Mauern mein Herr, *ich gehorche nicht und werde nicht
gehorchen.* [...] Und jetzt frage ich, nur als Mensch,
(denn ich erlaube mir, gegen Euren Willen und meine 15
Jahre, eine Ansicht zu haben): Ist es recht, einen jungen
Menschen, der außer einer kleinen Schwäche der Nerven
so ziemlich ganz gesund ist, in eine ›Heilanstalt für
Schwachsinnige und Epileptische‹ zu bringen, ihm gewalt-
sam der Glauben an Liebe und Gerechtigkeit und damit
an einen Gott zu rauben? Wißt Ihr, daß ich, als ich das
erstemal von Stetten kam, wieder leben und ringen wollte
und daß ich jetzt, so ziemlich geheilt, innerlich kränker
bin als je? Wäre es nicht besser, ein solcher würde mit
einem Mühlstein um den Hals in's Meer versenkt, da es
am tiefsten ist? [...] Und hier wird jegliches Ideal, jede
Liebe profaniert, mißverstanden, verlacht. Ihr sagt, ich
habe noch ein ganzes Leben vor mir. Allerdings, aber die
Jugend ist das Fundament, da ist das Herz noch empfäng-
lich für Gutes und Böses. Aber ach, ich vergesse, daß Ihr
andere Menschen seid, ohne Makel und Fehl, wie die

Statue, aber ebenso tot. Ja, Ihr seid echte, wahre Pietisten,
wie Nikodemus (?): ein Jude, in dem kein Falsch ist. Ihr
habt andre Wünsche, Anschauungen, Hoffnungen, andre
Ideale, findet in Andrem Eure Befriedigung, macht andre
Ansprüche an dieses und jenes Leben; Ihr seid Christen,
und ich – nur ein Mensch.« (Zit. nach: *Kindheit und
Jugend vor Neunzehnhundert*, hrsg. von Ninon Hesse,
S. 261–265.)
Im Brief an seinen Vater vom 14. September 1892 kommt
Hesses damalige Verzweiflung noch deutlicher zum Ausdruck:
»Sehr geehrter Herr!
Da Sie sich so auffällig opferwillig zeigen, darf ich Sie
vielleicht um 7 DM oder gleich um den Revolver bitten.
Nachdem Sie mich zur Verzweiflung gebracht, sind Sie
doch wohl bereit, mich dieser und sich meiner rasch zu
entledigen. Eigentlich hätte ich ja schon im Juni krepieren
sollen. [...] ›Vater‹ ist doch ein seltsames Wort, ich
scheine es nicht zu verstehen. Es muß jemand bezeichnen,
den man lieben kann und liebt, so recht von Herzen. Wie
gern hätte ich eine solche Person! [...] Ihre Verhältnisse
zu mir scheinen sich immer gespannter zu gestalten, ich
glaube, wenn ich Pietist und nicht Mensch wäre, wenn ich
jede Eigenschaft und Neigung an mir ins Gegenteil ver-
kehrte, könnte ich mit Ihnen harmonieren. Aber so
kann und will ich nimmer leben und wenn ich ein Verbrechen begehe, sind nächst mir Sie schuld, Herr Hesse, der
Sie mir die Freude am Leben nahmen. Aus dem ›lieben
Hermann‹ ist ein andrer geworden, ein Welthasser, eine
Waise, deren ›Eltern‹ leben.
Schreiben Sie nimmer ›Lieber H.‹ etc; es ist eine gemeine
Lüge. [...]

                              H. Hesse, Gefangener
                          im Zuchthaus zu Stetten,
wo er ›nicht zur Strafe‹ ist. Ich beginne mir Gedanken zu
machen, *wer* in dieser Affaire schwachsinnig ist.« (Zit.
nach: ebd., S. 268 f.)

22,9 f. *der Tod schmeckt bitter, denn er ist Geburt:* Hier kündigt sich bereits die Lösung des Grundkonflikts an, die später in Demians Deutung des Sperberbildes so formuliert wird: »Wer geboren werden will, muß eine Welt zerstören« (91,11).

22,12 *als letztes Fegefeuer:* Wie die Seelen jener Verstorbenen, die noch im Jenseits die Folgen ihrer Sünden abbüßen müssen, peinigt den Knaben, der sich selber für einen verlorenen Sünder hält, die Abendandacht, an der er nicht mehr mit aufrichtiger Frömmigkeit teilnehmen kann.

22,15 *Galle:* Gemeint ist das von der Leber gebildete, in der Gallenblase gespeicherte bitterschmeckende Sekret; Galle gilt gemeinhin als Symbol der Bitterkeit.

23,21 f. *in der Flur:* Hier und an anderer Stelle verwendet Hesse bei »Flur« den weiblichen Artikel anstelle des gebräuchlichen männlichen.

24,35 *durch die Gassen einer veränderten Stadt:* In dem Maße, wie Sinclair sich selber unbegreiflich wird, wird ihm auch seine Umgebung fremd.

25,3 *Taler:* Silbermünze, entsprach ungefähr drei Mark damaliger Währung.

25,14 *Neubau:* Als Sinclair später in einer anderen Stadt auf dem Weg zu Knauer ist, der sich das Leben nehmen will, erinnert er sich an den Neubau, in dem ihn einst Franz Kromer zur Rede stellte (119,1 f.).

25,31 *Nickel:* Kupfermünzen von kleinem Wert.

26,19 *Noch heute, glaube ich:* Wiederholt im Roman erinnert der Erzähler den Leser durch eingestreute Bemerkungen daran, daß hier eine selbsterlebte Geschichte im Rückblick erzählt wird (37,18; 45,14 f.; 48,7 ff.; 85,4 ff.). Der Erzähler begreift seine Entwicklung als sinnerfüllt und deutet sie vom erreichten Ziel der Selbstwerdung her. Zugleich hebt er die überindividuelle Gültigkeit seiner Erfahrungen hervor.

26,28 f. *ich spielte gewissermaßen einen Knaben, der jünger war:* Je deutlicher Sinclair das Zerbrechen seiner Kinderwelt fühlt, um so entschiedener widersetzt er sich diesen

Veränderungen, für die er innerlich noch nicht reif ist.
Vgl. 47,29; 49,31 f.

27,4 *Groschen:* Zehnpfennigstück.

27,27 *des Alpdruckes:* Alpdruck: drückendes Gefühl der
Angst im Schlaf oder Halbschlaf. Der Alp ist im Volks-
glauben ein koboldhaftes Wesen, das sich nachts auf die
Brust des Schlafenden setzt.

28,22 *Kain:* Wie dieses 2. Kapitel so tragen auch das 3. und
6. Kapitel Überschriften, die auf Ereignisse der Bibel
anspielen: »Der Schächer (49,2) und »Jakobs Kampf«
(108,2). Sie bezeichnen so vorausdeutend das Thema des
jeweiligen Kapitels und interpretieren das Erzählte im
Vorgriff. Im 2. Kapitel wird die Umdeutung der biblischen Geschichte von Kain und Abel (1. Mose 4,1–15) für
Sinclair zum einschneidenden Erlebnis, das seine Welt-
sicht bestätigt und in ihm den Mut zur Auflehnung stärkt.
Vgl. Anm. zu 31,1 f. u. 34,21–26.

28,26 *das bis heute fortgewirkt hat:* s. Anm. zu 26,19.

28,30 *Trauerflor:* schwarzes Band aus feinem Gewebe, das
als Zeichen der Trauer um den Ärmel geknüpft wird.

30,5 *ein merkwürdiges Ding:* erste Erwähnung des Wappenvogels, der nach und nach im Roman als komplexes
Symbol aufgebaut wird (52, 88, 89, 91, 94, 103, 106, 117,
118, 138, 140, 151, 160).

30,9 *Schlußstein:* meist verzierter Stein im Scheitel eines
Bogens oder Gewölbes.

30,19 *Sperber:* kleiner Greifvogel, dem Habicht ähnlich.
Vgl. Abb. S. 17.

30,23 f. *der das Zeichen auf der Stirn trug:* In der Bibel wird
der Mörder Kain von Gott gezeichnet: »Und der Herr
machte ein Zeichen an Kain, daß ihn niemand erschlüge,
wer ihn fände« (1. Mose 4,15).

31,1 f. *man kann diese Geschichte von Kain auch ganz
anders auffassen:* Demians Umdeutung ähnelt der Umwertung der Gnostiker (vgl. Anm. zu 48,17). »Was im
›Demian‹ über Kain steht, dafür sind mir keine literarischen Quellen bekannt, doch könnte ich mir recht wohl

Zeichnung Gusto Gräsers, die er am 26. September 1916 aus Ascona an Hermann Hesse in Bern schickte. Gräser selber nannte seine Zeichnung: »Mut‹ Stimmung des Mutes«.
(Vgl. Anm. zu 30,19)

denken, daß bei den Gnostikern Ähnliches steht. [...] Und so scheint mir, läßt sich sehr wohl Kain, der verfemte Übeltäter, der erste Mörder, als ein ins Gegenteil entstellter Prometheus, als ein für seinen Vorwitz und seine Kühnheit durch Ächtung bestrafter Vertreter des Geistes und der Freiheit auffassen.« (Brief Hesses an H. S. vom 13. April 1930; zit. nach: *Hermann Hesse. Briefe,* erw. Ausg., Frankfurt a. M. 1964, S. 30.)

34,23 ff. *für eine lange, sehr lange Zeit ...:* Hermann Hesse selber hat in seiner Kindheit und Jugend erbittert mit den Eltern über den christlichen Glauben disputiert.

35,21 *wie mein Schatten:* Kromer, in dem das Dunkle und Böse in der Welt personifiziert ist, ist auch das Abbild von Sinclairs innerer Zerrissenheit.

35,32 f. *Mordanfall auf meinen Vater:* Während Sinclair
innerlich bereits die Ablösung von der Autorität des
Vaters vorbereitet, läßt sein Bewußtsein diese Auflehnung
noch nicht zu. Deshalb erscheint im Traum Kromer als
Anstifter.

36,28 f. *Ein Verhängnis war über mir:* Der Weg des Menschen scheint, unabhängig von seinem Willen, schicksal-
haft vorgezeichnet. Vgl. Anm. zu 128,31 f.

37,4 *mich ... beelendete:* mich traurig stimmte.

37,18 *Ich weiß, daß manche nicht glauben werden:* s. Anm.
zu 26,19.

38,18 *Schikane:* kleinliche, böswillige Quälerei.

41,14 f. *eine Stimme, die nur aus mir selber kommen
konnte:* erster Hinweis auf die Rolle Demians als Sinclairs
innere Stimme, als sein anderes, geläutertes Ich. Die Begegnung mit einem unbekannten oder bislang verleug-
neten Teil des eigenen Selbst geschieht in einem traum-
ähnlichen Zustand, in dem die Kontrolle des Bewußtseins
gelockert ist. Wiederholt fungieren in Hesses Romanen
einander zugeordnete Figuren als zwei Seiten *eines* Ich;
am eindrucksvollsten erscheint Hermine im *Steppenwolf*
als Harrys »Seele«. Vgl. auch Anm. zu 87,15 ff.

45,4 f. *aus Zuneigung und innerem Widerstreben:* Sinclairs
widersprüchliche Gefühle gegenüber Demian erklären
sich aus der inneren Lage des Heranwachsenden; einer-
seits findet er in Demian ein antwortendes Gegenüber,
das seine Grunderfahrung einer dichotomischen (von Gegensätzen geprägten) Wirklichkeit teilt, andererseits stellt
Demian radikale Forderungen an den Knaben, denen er
auf dieser Stufe seiner Entwicklung noch nicht gewachsen
ist.

45,14 ff. *Ich glaube heute mit Bestimmtheit ...:* s. Anm. zu
26,19.

46,7/11 *Jammertal/Paradies:* Neben der Wahrnehmung der
äußeren und inneren Wirklichkeit geschieht auch die
Deutung des Erlebten in Gegensätzen.

46,27 *Heimkehr des verlorenen Sohnes:* Im biblischen

Gleichnis (Lk. 15,11–32) kehrt der Sohn, dem es in der Fremde schlecht ergangen war, reuevoll zurück und wird wieder vom Vater aufgenommen.

48,7 ff. *Ach, das weiß ich heute …*: s. Anm. zu 26,20.

48,17 *Kainiten:* Gnostische Sekte (Gnostiker: frühchrist-lich-hellenistische religionsphilosophische Strömung), die sich auf Kain beruft, sich bewußt von den alttestamentli-chen Gesetzen distanziert und ihnen zuwider handelt. Für die Kainiten gibt es keine Trennung in Gut und Böse, sondern nur das notwendige Ausleben aller im Menschen angelegten Regungen, das letztendlich zur Erlösung führt. Vgl. Anm. zu 63,1 f.

49,2 *Der Schächer:* westgermanisches Wort für ›Straßenräu-ber‹; seit Luthers Bibelübersetzung meint man damit die beiden gemeinsam mit Jesus gekreuzigten Verbrecher. Das 3. Kapitel des Demian zentriert sich zwar um die Geschichte von den Schächern am Kreuz, zugleich jedoch ist die Umdeutung der biblischen Erzählung nur ein Baustein in Sinclairs Entwicklung hin zur erweiterten Erfahrung seiner inneren Wirklichkeit.

49,7 f. *mich interessieren nur die Schritte …*: Hier nennt noch einmal der selbstbewußt hervortretende Erzähler das Bauprinzip seines Romans: wie im Bildungsroman wird die Lebensgeschichte eines Einzelnen erzählt im Wechsel-spiel von Umwelteinfluß und Persönlichkeitsausdruck. Die Handlung setzt ein in einer konfliktreichen Lebens-phase und führt in chronologisch-biographischer Abfolge zur Konfliktlösung und zur Integration des Individuums in die es umgebende Welt. Die innere Verknüpfung der Ereignisse geschieht allein unter dem Prinzip der Ichwer-dung, die beschrieben wird als »Weg zu sich selber«.

49,21 *in mir selbst ein Urtrieb lebte:* Die Nöte der Pubertät hat Hesse in seiner Erzählung *Unterm Rad* (1906) ein-drucksvoll gestaltet.

49,31 f. *mein Bewußtsein leugnete die empordämmernde neue Welt:* s. Anm. zu 26,28 f.

50,15 f. *das Sterben und Neugeborenwerden, das unser*

Schicksal ist: vgl. auch Anm. zu 22,9 f. Die scheinbar paradoxe Einheit von Tod und Neugeburt durchzieht als zentrale Vorstellung den gesamten Roman (91,11; 153,24 f.; 160,24 f.). Sie findet sich auch in anderen Romanen Hermann Hesses, in *Siddhartha* (1922), im *Steppenwolf* (1927).

50,29 f. *Was einst Franz Kromer gewesen war ... in mir selber:* Hier wird noch einmal die Funktion des Kromer-Erlebnisses zusammengefaßt: Auslöser zu sein für eine psychisch notwendige Entwicklung, die ihre Ursache im Ich selber hat.

51,8 *Ich suche mich zu besinnen:* s. Anm. zu 26,19.

52,2 f. *Er zeichnete das alte Wappenbild ... ab:* Später wird es Sinclair sein, der den Wappenvogel malt und ihn an Demian mit der Bitte um Deutung sendet.

52,29 f. *Es war, als sei auch etwas von einem Frauengesicht darin:* Androgyne (zweigeschlechtliche) Züge tragen in Hesses Romanen diejenigen Figuren, die als Spiegel und Alter ego (›anderes Ich‹) der Zentralgestalt auftreten: Demian, Beatrice und Frau Eva. Entsprechend erscheinen auch in Sinclairs »Götterbild« und in seinem »Liebestraumbild« »Mann und Weib gemischt«. Die Fähigkeit zur Überwindung der Gegensätze, die sich in der Zweigeschlechtlichkeit ausdrückt, eignet insbesondere Hermine im *Steppenwolf*.

52,33 *irgendwie zeitlos:* Demian zeugt in seiner Zeitlosigkeit von der Teilhabe des Individuums an der Entwicklung der Menschheitsgeschichte; vgl. Anm. zu 7,24 ff. und 105,16 f.

53,18 *Sekte:* kleinere Glaubensgemeinschaft, die sich von einer größeren Religionsgemeinschaft abgespalten hat.

53,21 *ohne Konfession:* ohne Zugehörigkeit zu einer christlichen Glaubensgemeinschaft.

55,26 f. *Lektion:* Unterrichtsstunde.

56,3 f. *ein Stück Katechismus:* Abschnitt im Lehrbuch für den christlichen Glaubensunterricht in Fragen und Antworten.

57,12–15 *Wenn ein Tier oder Mensch ... erreicht er sie auch:* Der zu seinem inneren Ich gelangte Mensch verfügt über einen starken, zielgerichteten Willen und strahlt Kraft aus, die auch auf andere wirkt. Vgl. 155,36 f.

60,21 *Dreieinigkeit:* in der christlichen Religion die Einheit von Gott Vater, Sohn und Heiligem Geist.

60,22 *Jesu unbefleckter Geburt:* Gemeint ist die von der christlichen Kirche als Glaubenssatz verkündete Zeugung Jesu ohne Zutun eines Mannes; »empfangen vom Heiligen Geist«.

60,31–33 *die Erzählungen und Glaubenssätze freier, persönlicher ... auszudeuten:* »Die Mythen der Bibel, wie alle Mythen der Menschheit, sind für uns wertlos, solang wir sie nicht persönlich und für uns und unsere Zeit zu deuten wagen. Dann aber können sie uns sehr wichtig werden.« (Brief Hesses an H. S. vom 13. April 1930, zit. nach: *Hermann Hesse. Briefe*, vgl. Anm zu 31,1.)

61,3 *Golgatha:* aramäisch für: Schädel; vermutlich nach seiner hügelartigen Form so benannter Ort außerhalb von Jerusalem, wo Jesus gekreuzigt wurde.

61,7 *die Leidensgeschichte:* Zur Leidensgeschichte Christi vgl. im Neuen Testament die vier Evangelien (Matthäus-, Markus-, Lukas- und Johannesevangelium).

61,10 *Gethsemane:* Garten an der Ostseite des Kidrontales, wo Jesus nach dem letzten Abendmahl die Nacht im Gebet zubrachte und wo er gefangengenommen wurde.

61,11 *Matthäuspassion von Bach:* Vertonung der Leidensgeschichte Christi nach dem Matthäusevangelium von Johann Sebastian Bach, entstanden 1729. Meistaufgeführtes kirchenmusikalisches Chorwerk.

61,14 *Actus tragicus:* Gemeint ist das Passionsgeschehen.

61,18 *Lies einmal die Geschichte nach:* vgl. Lk. 23,40–43.

61,22 *Traktätchengeschichte:* Traktätchen: abwertende Bezeichnung für eine religiöse Erbauungsschrift.

62,20 f. *alten und neuen Bundes:* Der Bund ist im biblischen Sprachgebrauch die durch eine kultische Handlung besiegelte unauflösliche Verbindung zwischen Gott und dem

Volk Israel. Dem alten Bund (Noah, Abraham, Moses) folgt der neue Bund in Christus. So werden der alte und der neue Bund auch mit dem Alten und dem Neuen Testament gleichgesetzt.

62,32 *Jehova:* Name Gottes im Alten Testament, gebräuchliche Nebenform von *Jahwe,* der eigentlichen Bezeichnung für den Gott Israels.

63,1 f. *Gott ... der auch den Teufel in sich einschließt:* Hesses Dualismus ist von gnostischem Gedankengut angeregt. Diese Philosophie geht von der Gefangensetzung des göttlichen Lichtes in der Materie aus und sucht nach Wegen, die polare Spannung zwischen Geist und Materie zu überbrücken und so den Lichtfunken aus seinen Fesseln zu befreien. Durch die Synthese der Gegensätze, die ständige Überführung des einen Pols in den anderen, erstreben die Gnostiker die schließliche Überwindung des radikalen Dualismus, der im Weltganzen wie im einzelnen Menschen herrscht. Vgl. auch Anm. zu 63,14.

63,13 *Mythus:* auch *Mythos,* Erzählung aus der Vorzeit eines Volkes, die sich besonders mit der Entstehung der Welt, der Erschaffung des Menschen, mit Göttern und Dämonen befaßt.

63,14 *Gedanke von den beiden Welten:* Die Auseinandersetzung zwischen zwei einander in polarer Spannung entgegenstehenden Wirklichkeitsbereichen prägt fast jede Erzählung, jeden Roman Hermann Hesses. Im *Demian* gelangt diese Auseinandersetzung auf ihren Höhepunkt, indem sie zum beherrschenden Thema und zugleich zum organisierenden Prinzip wird. Figurenkonstellation und Sprache sind gleichermaßen durchdrungen vom »Prinzip der polarischen Spaltung« (H. Stolte, *Hermann Hesse. Weltscheu und Lebensliebe*).

63,18–21 *als ich sah ... teilhatte:* Der Knabe Sinclair ist in seiner Entwicklung an dem Punkt der Erkenntnis angelangt, den Hesse als Erzähler bereits in seiner Einleitung formulierte.

64,3 f. *Nur das Denken, das wir leben, hat einen Wert:* Hier zeigt sich Demians und Sinclairs innere Verwandtschaft und zugleich Demians Radikalität: Während Sinclair gerade die Übereinstimmung der Gedanken erlebt, fordert Demian den Freund bereits zum konsequenten Handeln auf und treibt ihn so Schritt für Schritt weiter auf seinem Weg.

64,26 f. *diesen Trieb zu einer Gottheit gemacht und ... verehrt:* Zu denken ist etwa an die Dionysien, jene altgriechischen Festtage zu Ehren des Wein- und Fruchtbarkeitsgottes Dionysos.

65,36 *Orden des Gedankens und der Persönlichkeit:* Die Vorstellung einer geistigen Elite hat Hesse in seinen Romanen *Die Morgenlandfahrt* (1932) und *Das Glasperlenspiel* (1943) ausführlich gestaltet.

67,17 f. *so steinern, uralt ... voll von unerhörtem Leben:* Demians Fähigkeit der inneren Versenkung kennzeichnet ihn als einen Menschen, in dem die Verbindung zu seiner Herkunft »aus dem ganzen Bestand der Welt« (105,16 f.) noch lebendig ist. Zugleich drückt sich in den gegensätzlichen Fügungen sein Vermögen aus, in sich selber die Gegensätze zur Synthese zu führen.

67,19 *Äther:* Weite des Himmels, Himmelsraum.

69,3 *Beatrice:* Der Name erinnert an Dantes Jugendliebe, die er in seiner *Vita Nuova* (um 1292) und in der *Divina Commedia* (1307 – um 1313) verewigt hat.

69,5 f. *fuhr ich ... nach St.:* Angeregt wurden die folgenden Episoden wahrscheinlich durch Hesses Besuch des Gymnasiums in Bad Cannstatt 1882–83. Auffällig ist in diesem Roman die bewußt vage Schilderung der Schauplätze. Sinclairs Heimatstädtchen erscheint nur in wenigen Strichen skizziert: der Markt, die »Strohgasse«, die »Seilergasse«, die Brücke und der »Burgplatz« gewinnen kaum atmosphärische Bedeutung; die Parks und Alleen, die Vorstadtkneipen und die Vorstadtkirche in St. interessieren ebenso wie Sinclairs Studienort H. lediglich als Orte der inneren Erfahrung.

69,8 f. *Knabenpension bei einem Lehrer des Gymnasiums:* In Bad Cannstatt wohnte Hesse bis zur Einjährigenqualifikation bei dem Präzeptor Geiger.

71,20 *Heinrich Heine:* deutscher Dichter (1797–1856), dessen Verse oft von romantischer Schwermut und bitterer Klage erfüllt sind.

73,20 *Orgie:* Fest mit hemmungslosen Ausschweifungen.

74,12 *Häscher:* Personen, die jemanden in bestimmtem Auftrag verfolgen und gefangen setzen.

75,1 *Allotria:* Unfug, Schabernack.

75,4 f. *ein berühmter, wagehalsiger Kneipenbesucher:* Während seiner Schulzeit in Bad Cannstatt führte Hesse ein unstetes Leben, trank, machte Schulden und überließ sich ganz seinen wechselnden extremen Stimmungen »zwischen ausgelassener Lustigkeit, Weltschmerz und moralischem Katzenjammer« (B. Zeller, *Hermann Hesse in Selbstzeugnissen und Bilddokumenten*, S. 28). In einem Brief an den Vater Johannes Hesse vom 3. April 1893 schreibt der Präzeptor Geiger: »Viel mehr zu beklagen ist, daß er in Auflehnung gegen alle Ordnung und mit Ignorierung aller Verbote und aller Rücksicht auf andere (zumal seine Hausgenossen) ganz nach eigenem Sinn und Gelüste leben will und daher schon wiederholt bis tief in die Nacht bezw. bis nach Mitternacht im Wirtshaus gesessen und unter Störung der Nachtruhe seiner Hausgenossen mehr oder weniger betrunken nach Hause gekommen ist.« (Zit. nach: *Kindheit und Jugend vor Neunzehnhundert*, Bd. 1, S. 349.)

75,9 *Orgiasmus:* zügelloses, ausschweifendes Feiern.

75,19 *Zynismen:* bissig-spöttische Äußerungen, die die Wertgefühle anderer herabsetzen.

75,29 *Zoten:* derbe, obszöne Witze.

76,10 *Renommieren:* Prahlerei, Wichtigtuerei.

77,6 f. *verschlossenes Edentor mit erbarmungslos strahlenden Wächtern:* Nach der Vertreibung Adams und Evas aus dem Paradies bewachen die Cherubim (Engel) mit Schwertern den Zugang (1. Mose 3,24).

77,17 *Besserungsanstalt:* Hesse wurde in seiner Jugend selber verschiedenen Institutionen und Pädagogen zur Erziehung übergeben, weil seine Eltern ihn nicht in ihrem Sinne bändigen und zum Gehorsam bringen konnten.

78,22 *Lehrersenat:* Lehrerkollegium.

79,14 f. *kluges Knabengesicht:* Auch Beatrice trägt androgyne Züge; vgl. Anm. zu 52,29 f.

79,31 *Reproduktion:* Abbildung und Vervielfältigung durch Druck.

79,32 f. *englisch-präraffaelitische Mädchenfigur:* Dante Gabriel Rossettis 1863 entstandenes Gemälde »Beata Beatrix« (vgl. Abb. S. 26). Die Präraffaeliten, eine 1848 gegründete Vereinigung englischer Maler, versuchten, an die italienische Malerei vor Raffael anzuknüpfen.

80,6 f. *sie machte mich zum Beter in einem Tempel:* Die Liebe zu einer idealen, unerreichbaren Frau erfüllt sich in Hesses Dichtung allein durch »Ehrfurcht und Anbetung«: »Für mich ist die Liebe zu Frauen immer ein reinigendes Anbeten gewesen, eine steile Flamme meiner Trübe entlodert, Beterhände zu blauen Himmeln emporgestreckt«, heißt es im *Peter Camenzind* (GW 1, S. 366). In dieser Liebe sind die sexuellen Triebe sublimiert: »Die Geschlechtlichkeit, unter der ich litt ... sollte nun in diesem heiligen Feuer zu Geist und Andacht verklärt werden.« (80,29 f.)

80,29 f. *Die Geschlechtlichkeit, unter der ich litt:* Die Leiden der Pubertät hat Hesse eindrücklich in seiner frühen Erzählung *Unterm Rad* (1906) geschildert.

81,19 f. *Ich begann zu malen:* Hermann Hesse selber begann während der Krisenjahre 1916–19 intensiv zu malen.

81,27 *Temperafarben:* aus anorganischen Pigmenten, einer Emulsion aus Öl und einem Bindemittel hergestellte Farben, die einen matten, deckenden Effekt ergeben.

81,28 *Chromoxydgrün:* aus einer Chromverbindung entstandenes, gut deckendes Dunkelgrün.

Beata Beatrix. Gemälde von Dante Gabriel Rossetti (um 1863)
(Vgl. Anm. zu 79,32 f.)

82,7 f. *der Phantasie und den Führungen folgend:* Sinclairs
Malerei gilt nicht der Abbildung äußerer Realität, sondern
allein dem tastenden Ausdruck seiner sich wandelnden
inneren Bilder. Wie seine Träume, so geben seine Bilder
Aufschluß über sein sich entwickelndes Ich, seine Ängste
und seine verborgenen Möglichkeiten.

82,34 f. *es stellte Forderungen an mich:* Nachdem Sinclair
malend die Kräfte seines Unbewußten nach außen projiziert hat, tritt ihm das Bild als ein Fremdes gegenüber, das
ihn zur Auseinandersetzung zwingt.

83,13 *oft tauchte das gemalte Bildnis darin auf:* Die ver-
wandte Struktur des Traumes und der Malerei läßt beide
als ungelebte Teile seines Unbewußten erscheinen, die ins
Bewußtsein drängen.

84,14 *sondern – ich selbst:* Die allmähliche Veränderung in
Sinclairs Wahrnehmung des Porträtbildes, in dem er zuerst Beatrice, später Demian und zuletzt sich selber erblickt, bestätigt die Deutung der unterschiedlichen Ne-
benfiguren als Teile und potentielle Möglichkeiten *eines*
Ich.

84,17 *mein Dämon:* Ebenso wie Demian Sinclairs »Dämon«
wurde, die ihn leitende innere Stimme, so führt ihn nun
das aus seinem Inneren entworfene Wunschbild seiner
selbst.

84,25 *Nietzsche:* Friedrich N. (1844–1900), deutscher Philosoph, dessen Einfluß in Hesses Werken vielfach spürbar
ist. Die Gestalt Demians kann geradezu als »dichterische
Formwerdung des Archetypus Zarathustra« interpretiert
werden (Richard Matzig, *Hermann Hesse in Montagnola.
Studien zu Werk und Innenwelt des Dichters*, Basel 1947).
Seine Amoralität, seine Verurteilung des »Herdentrie-
bes«, seine Elitetheorie und sein Versuch, die Umkehrung
der antiken Werte durch das Christentum rückgängig zu
machen, lassen ihn in der Nachfolge Nietzsches erscheinen.

84,25 *Novalis:* Friedrich von Hardenberg (1772–1801),
Dichter aus dem Kreis der Jenaer Frühromantiker.

84,29 f. *»Schicksal und Gemüt sind Namen eines Begriffs«:* Zitat aus Novalis' Roman *Heinrich von Ofterdingen* (1802). Bei Novalis betont das Zitat rückblickend die charakterliche Prägung durch Landschaft und Vaterland; Hesse dagegen deutet zukunftweisend Schicksal als Verwirklichung des im eigenen Inneren sich entfaltenden Lebensideals.

84,34 f. *du bist ein Stück von meinem Schicksal:* Indem sich in Beatrices Bild *eine* Facette seines möglichen Selbst darstellt, wird sie, wie alle anderen Figuren, mit denen Sinclair in Beziehung tritt, zu einem Teil seines neuen Ich.

85,10 *den Philistern:* kleinbürgerlich-engstirnige Menschen, Spießbürger.

86,7 *das Bacchische:* von *Bacchus*, griechisch-römischer Gott des Weines; das Ausgelassene, Überschäumende, Trunkene.

86,13 *Schöppchen:* auch *Schoppen*, Glas mit einem viertel oder halben Liter Wein.

86,14 *Faust:* Johann Wolfgang Goethes Drama *Faust* (1. Teil 1808, 2. Teil 1832). Demian betont hier den Gegensatz zwischen dem Philister und dem Ausnahmemenschen.

86,24 *Mystiker:* Anhänger der Mystik, einer Form der Religiosität, bei der durch Versenkung die Erfahrung der persönlichen Verbindung mit dem Göttlichen gesucht wird.

86,25 *Augustin:* Der römische Kirchenvater Aurelius Augustinus (354–430) legt in seiner Autobiographie, den *Confessiones* (*Bekenntnissen*), Rechenschaft ab über sein ausschweifendes weltliches Leben vor seiner Bekehrung zum christlichen Glauben.

87,15 ff. *Das war der Blick Demians … alles weiß:* Die Gleichsetzung Demians mit dem eigenen inneren Selbst weist zurück auf die frühe Einsicht: »Sprach da nicht eine Stimme, die nur aus mir selber kommen konnte? Die alles wußte? Die alles besser, klarer wußte als ich selber?« Vgl. Anm. zu 41,14 f.

88,16 f. *In der Nacht träumte ich von Demian und von dem Wappen:* Das Bild des Wappenvogels wird von Anfang an mit Demian verbunden. Er ist es, der Sinclair auf den gemeißelten Stein hinweist; unter seinem Einfluß setzt Sinclair sich mit diesem Symbol seiner eigenen Ich-Werdung auseinander, sei es im Traum, sei es im Bild; folgerichtig kann auch nur Demian als Sinclairs innere Stimme das gemalte Bild deuten.

88,17 *Es verwandelte sich beständig:* Auch das sich gerade erst konstituierende Ich ist in dauernder Wandlung begriffen und »doch immer ein und dasselbe« (88,19 f.).

88,20 f. *Zuletzt aber nötigte er mich, das Wappen zu essen:* Indem Demian Sinclair zwingt, sein eigenes, ihm selbst noch weitgehend unbekanntes Ich anzunehmen, überfordert er den Heranwachsenden, der mit Abwehr und Angst reagiert. Diese Widerstände werden später nach und nach überwunden.

89,5 ff. *Der Vogel stand oder saß auf etwas ...:* Die Beschreibung des Wappenbildes erinnert an die spätantiken Abraxas-Gemmen (vgl. Anm. zu 91,12), die als Glücksbringer dienten. Sie zeigen ein menschenähnliches Wesen mit einem Vogelkopf, bekleidet mit einem rockartigen Gewand, aus dem anstelle der Beine zwei Schlangen hervorwachsen. Der Gott Abraxas hält in der einen Hand eine Peitsche, in der anderen einen Kreis oder Schild. Die gesamte Figur ist von Schriftzeichen umrahmt, deren Bedeutung jedoch bis heute nicht bekannt ist. In Herders Konversationslexikon von 1902 findet sich hierzu folgende Erklärung: »Abraxasgemmen, geschnittene, wohl als Amulett dienende Ringsteine, zeigen eine menschenähnliche Gestalt mit den Abbildern der 5 Grundeigenschaften der basilidischen Gottheit: Hahnenkopf (Vorsicht), Schlangenfüße (Gemüt und Vernunft), in der rechten Hand die Peitsche (Kraft), in der linken Kreis, Schild od. Kranz (Weisheit) um einen doppelkreuzartigen Zweig, u. rätselhafte Schriftzeichen.« (Vgl. Abb. S. 30.)

Abraxas-Gemmen aus spätantiker Zeit
(Vgl. Anm. zu 89,5 ff.)

89,16 *wie aus einem riesigen Ei:* Auch die Abraxas-Gemmen haben eine eiähnliche Form. Im Sperberbild ist so die Abraxasdarstellung, die später zu seiner Erläuterung dient, mit angelegt.

89,19 f. *das farbige Wappen, wie es in meinem Traum vorgekommen war:* Wie stets in Sinclairs Malerei verbinden sich Erinnerung, inneres Ausdrucksbedürfnis und traumähnliche Assoziationen zu einem Bild, das Sinclairs inneren Zustand versinnbildlicht.

90,20 *Der Vogel kämpft sich aus dem Ei:* Die Überschrift des 5. Kapitels ist nicht nur eine Vorwegnahme der Deutung, die Demian dem Sperberbild gibt, sondern zugleich das Motto, unter dem Sinclairs weitere Entwicklung von nun an steht. Sein Leben konzentriert sich mehr und mehr auf die Entfaltung des eigenen Selbst, die Verwirklichung seiner inneren Ganzheit.

90,28 *Billetts:* Zettel oder Briefchen, die sich Schüler im Unterricht gegenseitig zuschieben.

91,12 *Abraxas:* In der Lehre des Gnostikers Basilides (um 125 n. Chr.) findet sich diese Gottheit als Symbol der Einheit der Gegensätze. Für Sinclair erfolgt die Erklärung des Namens durch seinen Lehrer: Abraxas sei die »Gott-

heit, welche die symbolische Aufgabe hatte, das Göttliche
und das Teuflische zu vereinigen« (92,35 f.). Abraxas
wurde seit dem Altertum bis ins frühe Mittelalter auf
Steinen, den sogenannten Gemmen, figürlich dargestellt
und als Gottheit verehrt. Vgl. Anm. zu 89,5 ff.

91,27 *Herodot:* Begründer der griechischen Geschichts-
schreibung (um 490 – um 425 v. Chr.).

92,28 *Magie:* Geheimkunst, die sich übersinnliche Kräfte
zunutze macht.

94,10 ff. *Ein bestimmter Traum ...:* In seinem »Liebestraumbild« von der mütterlichen Geliebten gelingt es
Sinclair zum ersten Mal, die zuvor als unvereinbar emp-
fundenen Gegensätze in *einer* Vorstellung zu verbinden:
Mann und Frau, Mutter und Geliebte, Wonne und Grau-
sen, Gottesdienst und Verbrechen. Daß es die Gegensätze
seines eigenen Innern sind, die zur Entfaltung drängen,
beginnt Sinclair jedoch gerade erst zu ahnen.

95,6 ff. *Sie war beides ...:* Die Synthese der Gegensätze
wird in der Beschreibung des Traumbildes, in der Kenn-
zeichnung der Gottheit Abraxas und in dem hier ange-
stimmten Hymnus auf die Liebe als Schicksalsbestim-
mung mit zahlreichen sich wiederholenden oder sich in
ihrer Bedeutung weitgehend überschneidenden Attribu-
ten belegt. Die eindringliche Wiederholung der Gegensatzpaare, die absichtsvolle Steigerung der Kontraste
(»Engelsbild und Satan«, »höchstes Gut und äußerstes
Böses«) dient der Intensivierung des Gefühlseindrucks
ebenso wie der suggestiven, auf Identifikation abzielenden
Leserlenkung.

95,17 f. *Fest war nur eines: die Stimme in mir, das Traumbild:* Bei C. G. Jung, mit dessen Lehre sich Hermann
Hesse während der Entstehung des *Demian* intensiv aus-
einandergesetzt hat, wird die innere Stimme immer wieder
als jene Instanz angesprochen, die den Einzelnen zur
persönlichen Ganzheit führt: »Wer *Bestimmung* hat, hört
die Stimme des Innern, er ist *bestimmt.* Deshalb glaubt
auch die Sage, daß er einen privaten Dämon habe, der ihn

berät und dessen Aufträge er auszuführen hat. [...] *Bestimmung haben* heißt im Ursinn: *von einer Stimme angesprochen sein.* [...] Insofern jedes Individuum sein ihm
eingeborenes Lebensgesetz hat, hat jeder die theoretische
Möglichkeit, diesem Gesetz vor allen zu folgen und damit
zur Persönlichkeit zu werden, das heißt Ganzheit zu
erlangen. [...] In unergründlicher Weise ist oft Niederstes
und Höchstes, Bestes und Verruchtestes, Wahrstes und
Verlogenstes in der Stimme des Inneren gemischt, einen
Abgrund von Verwirrung, Täuschung und Verzweiflung
aufreißend.« (C. G. J., *Vom Werden der Persönlichkeit*;
Gesammelte Werke, Bd. 17, hrsg. von Lilly Merker-Jung
und Elisabeth Rüf, Olten 1972, S. 200–210.)

95,23 *Plato:* griechischer Philosoph (427–347 v. Chr.).

95,24 *trigonometrische Aufgaben:* mathematische Berech-
nungen von Dreiecken.

95,36–96,2 *Ich wollte ja nichts ... schwer?:* Wortlaut des
Mottos, s. 7,1 ff. u. Anm.

96,36 *ich wurde von ihnen regiert, wurde von ihnen gelebt:*
In dieser Phase seiner tastenden Selbstwahrnehmung
empfindet Sinclair die Impulse seines Innern noch als ein
Geführtwerden, nicht als Selbstbestimmung.

97,29 *Bach:* Johann Sebastian B. (1685–1750), bedeutend-
ster deutscher Komponist des Barock.

97,31 *Prellstein:* abgeschrägter Stein zum Schutz vor zu
dicht heranfahrenden Fahrzeugen.

98,8 *Reger:* Max R. (1883–1916), deutscher Komponist, der
im Rückgriff auf musikalische Formen der Bachzeit die
Kirchenmusik entscheidend anregte und der Orgel- und
Kammermusik in Deutschland zu neuem Ansehen ver-
half.

103,23 *Pistorius:* In der Figur des P. bescheibt Hesse den
Psychotherapeuten Dr. Josef Lang, bei dem er während
der Entstehungszeit des *Demian* in therapeutischer Be-
handlung war: »Es ist für mich der einzige Weg, das
Leben unter den jetzigen Umständen ertragen zu können,
und da ich hier einen Freund habe (den Pistorius des *De-*

mian), mit dem ich diese Wege gehe, hat diese böse Zeit
(ich war und bin monatelang beständig dicht am Selbst-
mord gewesen) doch auch ihre Größe und Schönheit.«
(Brief an Carlo Isenberg vom 7. Januar 1926; GB 2,
S. 128 f.) In Pistorius' Worten klingen die Gespräche mit
Dr. Lang an (108–112).

103,27 *exquisit:* ausgesucht, erlesen.

103,28 *Passacaglia:* Instrumentalstück aus Variationen über
eine sich wiederholende Baßmelodie.

103,29 *Buxtehude:* Dietrich B. (um 1637–1707), Organist
und Komponist, dessen Werke sich besonders durch
Phantasiefülle und innigen Ausdruck auszeichnen.

104,26 ff. *lernen die Stimmung kennen, in der wir nicht
wissen …:* Pistorius lehrt Sinclair den Zugang zu den
Bildern seiner Seele, erschließt ihm seine Träume und
Visionen, Symbole und Urbilder der Menschheit. C. G.
Jung sieht in ihnen Archetypen, immer wieder in der
Geschichte der Menschheit auftauchende Bilder, in denen
die Seele ihr Verlangen nach Ganzheit ausdrückt.

105,6 *Leonardo da Vinci:* italienischer Maler und Bildhauer
der Hochrenaissance, zugleich Naturforscher und Tech-
niker (1452–1519); seine bildhaften Werke gelten der gesamten abendländischen Malerei als Beispiel höchster
Vollkommenheit.

105,16 f. *Wir bestehen aber aus dem ganzen Bestand der
Welt:* Pistorius' Persönlichkeitsbild erinnert an die Auffassung vom Menschen, wie sie uns im Vorspann des
Romans bereits entgegentritt (vgl. Anm. zu 7,1 ff.). Zugleich läßt es an C. G. Jungs frühe Schrift *Wandlungen
und Symbole der Libido* (1912) denken, die Hermann
Hesse entweder aus eigener Lektüre oder durch die Ver-
mittlung Dr. Langs vertraut war. Bei Jung enthält die
Libido als psychische Gesamtenergie die Keime zu allen
Dingen in sich; sie ist Ursprung alles Werdens und Einheit
aller Gegensätze.

105,22 *Zulukaffern:* afrikanischer Volksstamm der Bantu;
im Volksmund abwertend gebraucht.

106,1 *Herrnhuter Institut:* Seminar der Herrnhuter Brüder-
gemeine, einer von Graf Zinzendorf begründeten pietistischen Gemeinschaft.

106,3 *Zoroaster:* auch *Zarathustra*, persischer Religionsstif-
ter und Prophet, von den Griechen Z. genannt; wirkte um
600 v. Chr.; seine Lehre ist gekennzeichnet durch einen
ausgeprägten Dualismus.

106,5–7 *wenn der erste Funke ... wird er Mensch:* Nochmals ist hier die gnostische Erkenntnislehre deutlich angesprochen: Nur wer sich der eigenen Möglichkeiten und
Anlagen inmitten seiner Lebenswelt bewußt wird und sie
zur Entfaltung bringt, erfüllt seine Bestimmung, Mensch
zu sein. Vgl. Anm. zu 63,1 f. und 126,35–127,1.

106,22–24 *bis mein gelber Vogel seinen schönen Raubvogel-
kopf aus der zertrümmerten Weltschale stieß:* In dieser
Selbstdeutung Emil Sinclairs entfaltet sich das Sperberbild, das sich zuvor im Kontext von Traum, Bild und
Phantasiespiel zum Zeichen der Selbstbefreiung entwik-
kelt hatte, zum zentralen Symbol des Romans. In ihm
gewinnen Selbstwerdung und Schicksal des Helden ihren
bildlichen Ausdruck.

108,3 *Jakobs Kampf:* Im Kampf mit dem Engel Gottes (1.
Mose 32,25–30) erringt Jakob den göttlichen Segen und
wird zum Stammvater der Israeliten erwählt. Für Sinclair
bedeutet das Ringen mit dem aus seinem eigenen Unbewußten entworfenen Bild Frau Evas den Kampf mit seinem eigenen innersten Selbst. Dieser Kampf, den er selber
unter das biblische Motto stellt, entscheidet ebenso seine
Zukunft, indem er durch die Konfrontation mit seinem
Ich-Ideal zur Erkenntnis seiner Bestimmung durchdringt.

109,5 *Fossil:* Versteinerung aus früheren Epochen der Erd-
geschichte.

110,4 *Mekka:* Stadt in Saudi-Arabien; als Geburtsort Mo-
hammeds heiligste Stadt und wichtigster Wallfahrtsort des
Islam.

110,14 *Heros:* in der griechischen Mythologie ein Halbgott,
der im Leben große Taten vollbracht hat und nach sei-

nem Tod den Menschen aus eigener Kraft zu helfen vermag.

110,15 *Mythos:* vgl. Anm. zu 63,13; hier: legendäres Bild einer weltgeschichtlichen Persönlichkeit.

110,25 f. *Unser neuer Glaube:* Wer Abraxas verehrt, hat sich vom Gott der christlichen Kirche entfernt.

110,31 *Mysterien:* Geheimkulte, die bestimmten Gottheiten geweiht sind.

112,20 f. *Es gibt keine Wirklichkeit als die, die wir in uns haben:* Ganz ähnlich äußert sich Hermann Hesse in seiner Erzählung *Innen und Außen* (1920): »Nichts ist außen, nichts ist innen, denn was außen ist, ist innen.«

113,25 *Spiritist:* jemand, der an Geister glaubt und durch Beschwörung oder mit Hilfe eines Mediums mit ihnen in Kontakt tritt.

113,28 *Theosoph:* Anhänger einer religiösen Lehre, nach der eine höhere Einsicht in den Sinn aller Dinge nur in der mystischen Schau Gottes gewonnen werden kann.

114,7 *von der weißen Magie:* Geheimkunst, die sich im Gegensatz zur schwarzen Magie mit der Beschwörung guter Geister befaßt.

117,26 f. *»Ich lasse dich nicht, du segnest mich denn«:* 1. Mose 32,27; vgl. Anm. zu 108,3.

118,2 f. *als wäre es zu lauter Ich geworden:* vgl. Anm. zu 118,24–26.

118,7–9 *Erinnerungen ... bis in Vorexistenzen und frühe Stufen des Werdens:* Sinclairs Vision läßt an C. G. Jungs Traumdeutung denken. Im Traum, in Visionen und Phantasien tauchen symbolische Gebilde auf, die den Erfahrungsraum des individuellen Lebens überschreiten, die den kollektiven Charakter der Seele, des Unbewußten beweisen. Insbesondere die Träume des Individuationsprozesses enthalten solche Archetypen, in denen sich ein werdendes Ich ausspricht.

118,24–26 *Oder war es ein Traum gewesen, daß ich ... Asche gegessen hätte:* Die Aufhebung des Bildes durch seine Rücknahme ins eigene Innere symbolisiert nach C.

G. Jung die Verwirklichung der personalen Ganzheit. So erklärt sich auch Sinclairs veränderte Reaktion: Als Demian ihn in einem früheren Traum zwang, das Wappenbild zu essen, überkam ihn Todesangst (88,24), jetzt dagegen, in einer fortgeschrittenen Phase der Selbstwerdung, kann er seine Visionen akzeptieren. – Zugleich stellt sich durch die zuvor betonte enge Verbindung zwischen dem gemalten Liebestraumbild, dem Wappenvogel und der Gottheit Abraxas die Assoziation des aus der Asche sich erhebenden Vogels Phönix ein: »Wer geboren werden will, muß eine Welt zerstören« (101,15).

120,25 *Veden:* älteste religiöse Schriften der Inder, in Sanskrit niedergeschrieben zwischen 1000 und 500 v. Chr.

120,25 *»Om«:* heilige Silbe der Hindus und Buddhisten.

121,9 f. *ein Wunschbild und eine Steigerung meiner selbst:* Wiederum zeigt die Rücknahme des Traumbildes in das eigene Innere an, daß Sinclair seiner Selbstverwirklichung sehr nahe gekommen ist.

121,18 *Kabbala:* mittelalterliche jüdische Geheimlehre und Mystik.

122,3 *Pietät:* ehrfürchtiger Respekt, taktvolle Rücksichtnahme.

123,22 *Kultus:* hier: übertriebene Verehrung.

123,22 *Mythologien:* Gesamtheit der Überlieferungen der Sagen, Mythen und Dichtungen aus der Vorzeit eines Volkes.

126,12 *Mithras:* von allen indisch-iranischen Stämmen seit Urzeiten verehrter Sonnen- und Kriegsgott, dem ein nächtlicher Opferkult galt.

126,35–127,1 *Wahrer Beruf für jeden war nur das eine: zu sich selbst zu kommen:* Diese zentrale Aussage des Romans, bereits im Motto angedeutet, findet eindrucksvolle Unterstützung in C. G. Jungs Schriften. So heißt es dort von der Entwicklung der Persönlichkeit: »Die Persönlichkeit nämlich kann sich niemals entfalten, ohne daß man bewußt und mit bewußter moralischer Entscheidung *den eigenen Weg* wählt. [...] Die anderen Wege sind die

Konventionen, moralischer, sozialer, politischer, philoso-
phischer und religiöser Natur. [...] Er (derjenige, der
bestimmt ist) *muß* dem eigenen Gesetze gehorchen, wie
wenn es ein Dämon wäre, der ihm neue, seltsame Wege
einflüstert.« (C. G. J., *Vom Werden der Persönlichkeit*;
Gesammelte Werke, Bd. 17, S. 198–200.)

128,10 *Märtyrer:* ein wegen seines Glaubens oder seiner
Überzeugung verfolgter Mensch.

128,31 f. *Man durfte nur sich wollen, nur sein Schicksal:*
Bereits in Sinclairs Einsicht: »Schicksal und Gemüt sind
Namen eines Begriffs« (vgl. Anm. zu 84,29 f.) wird
Schicksal als Verwirklichung der inneren Bestimmung
gedeutet. Die Gleichsetzung von Selbstwerdung und
Schicksalserfüllung wird in den Gesprächen mit Pistorius
untermauert. So bereitet sich beinahe unmerklich die
Übertragung dieser innerpsychischen Konstellation auf
die Weltlage (im 7. Kapitel) vor.

129,23 *Frau Eva:* Der biblische Name läßt Demians Mutter
als Mutter aller Menschen und zugleich als Urbild der
Frau erscheinen. So bedeutet sie Sinclair Mutter und
Geliebte zugleich. Da in ihr ebenso das männliche Prinzip
aufgehoben ist, wird sie zum Inbegriff der durch die
Synthese der Gegensätze erreichbaren personalen Ganzheit.

129,35–130,4 *Das war mein Traumbild! ... Das war sie!:*
Anhand dieser Beschreibung der Photographie Frau Evas
läßt sich Hesses Sprachgestus im Detail beispielhaft erläu-
tern. Obwohl es sich um die sprachliche Wiedergabe einer
Photographie handelt, werden keine konkreten Merkmale
genannt, es entsteht kein anschauliches Bild. Statt dessen
vermittelt die Beschreibung emotionale Betroffenheit,
indem sie die Bedeutung des Bildes für den Sprecher betont. Durch die Wiederkehr derselben Wortgruppe am
Anfang mehrerer Satzteile oder ganzer Sätze (Anapher):
»Das war ...«; »Zügen von ...«, durch die überein-
stimmende Konstruktion mehrerer Satzteile (Parallelis-
mus): »schön und verlockend«, »schön und unnahbar«,

»Dämon und Mutter«, »Schicksal und Geliebte« wird die
emotionale Wirkung gesteigert. Diese Mittel des rhetori-
schen Pathos, die besonders in den Sakralsprachen begegnen, verleihen dem Gesagten eine feierliche Eindringlich-
keit, die der Bedeutung dieses Bildes für Emil Sinclair
entspricht. Immer wieder begegnen wir im *Demian* dieser
bewußten poetischen Stilisierung, die sich nicht selten
zum liturgischen Sprechen steigert.

131,10 f. *ein paar Bände Nietzsche:* Die in den folgenden
Gesprächen immer wieder betonte Ablehnung des »Herdenmenschen« und die Glorifizierung des großen Einzelnen geht in ihren Grundzügen auf Nietzsches Elitetheorie
zurück, die sich bereits um die Jahrhundertwende als
populäre Philosophie der Zeit etabliert hatte.

131,29 f. *das Tätowieren:* Gemeint ist hier der studentische
Brauch, bei einem Zweikampf mit der Fechtwaffe (Men-
sur) den Gegner im Gesicht zu verwunden; durch die
Narbe bleibt er lebenslang gezeichnet.

133,28 *Signatur:* Kennzeichen, Namenszeichen.

134,34–36 *Diese Welt, wie sie jetzt ist, will sterben, sie will
zugrunde gehen, und sie wird es:* Hesses Zivilisationskritik, die in seinem späteren Roman *Der Steppenwolf* ihren
vehementesten Ausdruck findet, basiert auf seiner emo-
tionsgeladenen Entgegensetzung von Durchschnittsbürger und geistiger Elite. Der »Herdenmensch« kennt weder
echte Kultur noch höhere geistige Werte, sondern lebt als
Massenmensch in den von Verfall und Verödung heimge-
suchten Niederungen der modernen Zivilisation, deren
technische Errungenschaften und kulturelle Nivellierung
den Kulturkritiker Hesse besonders irritieren. Sein Ideal,
das er dem unaufhaltsamen Verfall entgegensetzt und
das bereits im *Demian* Gestalt gewinnt, ist geprägt vom
Welt- und Menschenbild der humanistischen deutschen
Bildungstradition. Unverwechselbare Individualität und
Souveränität des Einzelnen gelten ihm als Leitlinien des
Verhaltens und Maßstab seiner Kritik.

135,5 *der Wille der Zukunft:* Hier bereitet sich eine folgen-

reiche Gleichsetzung vor, die schließlich zu der zunächst
kaum begreiflichen Verherrlichung des Kriegsgeschehens
führt: Wille der Zukunft = Wille der Menschheit = Wille
der Natur = Schicksal. Im Namen der Zukunft, im
Namen der Menschheit erfüllt der berufene Einzelne sein
Schicksal, das ihm im Zusammenbruch der alten Welt
entgegentritt. Vgl. auch Anm. zu 140,26 f.

136,13 *Kneipen abhalten:* in studentischen Verbindungen
Abende verbringen, die nach festen Regeln mit Trinken
und Singen ablaufen.

137,30 f. *Blitzschnell sah ich eine Menge von Bildern an
meiner Seele vorüberlaufen:* Indem Sinclair in Bildern, die
ausnahmslos um den Wappenvogel kreisen, diesem zentralen Symbol seiner Selbstwerdung, sein bisheriges Leben noch einmal an sich vorüberziehen läßt und die
Schritte auf dem Weg zu sich selber bejaht, bereitet er sich
innerlich auf den nächsten Schritt vor: die Begegnung mit
Frau Eva. War Sinclair bislang unterwegs gewesen zu
einem – wenngleich nur geahnten – Ziel, so muß er nun
durch Frau Eva erfahren, daß nicht das Ziel, sondern der
Weg selber Selbstwerdung bedeutet.

140,26 f. *Unter dem Bild des Vogels hat mich mein Schicksal
empfangen:* Indem Sinclairs Selbstwerdung, die Begegnung mit Frau Eva und das ihm bestimmte Schicksal
wieder und wieder in eins gesetzt werden, vollzieht sich
beinahe unmerklich eine folgenschwere Bedeutungsver-
schiebung: Identitätsfindung erscheint als Teilhabe am
Schicksalslauf, am Kriegsgeschehen.

142,22 *Unsere Aufgabe war:* In Hesses Werk finden sich
wiederholte Versuche, in einer Gemeinschaft Auserwählter, die ihr Leben nach eigenen Gesetzen führen, eine
Gegenwelt zu entwerfen; vgl. *Die Morgenlandfahrt*
(1932), *Das Glasperlenspiel* (1943).

142,33 *Wir, die mit dem Zeichen:* Mehrfach, besonders
deutlich jedoch an dieser Stelle, beschreibt Hesse, daß
»die mit dem Zeichen« Auserwählte sind – doch anders als
Kain in der Bibel (vgl. Anm. zu 30,23 f.): Es sind mutige,

kompromißlos nach ihren eigenen Überzeugungen lebende Menschen, die nach Selbstfindung und Erkenntnis
streben.

143,19 *Kabbalisten:* Anhänger der *Kabbala*, vgl. Anm. zu
121,18.

143,20 *Tolstoi:* russischer Dichter (1828–1910), der, ständig
auf der Suche nach ethisch-religiöser Wahrheit, heftige
Kritik an der Gesellschaft seiner Zeit, ihren verlogenen
Konventionen und ihrem sozialen Unrecht übte.

143,30 *Riten:* Bräuche, Gewohnheiten bei der Ausübung
religiöser Handlungen.

144,4 *die Kritik unserer Zeit und des jetzigen Europa:* vgl.
Hesses Aufsatz »Die Brüder Karamasow oder Der Untergang Europas. Einfälle bei der Lektüre Dostojewskis«
(1919).

144,8 f. *Denn es hatte die ganze Welt gewonnen, um seine
Seele darüber zu verlieren:* Nimmt das Wort Christi aus
Mk. 8,36 auf: »Was hülfe es dem Menschen, wenn er
die ganze Welt gewönne, und nähme an seiner Seele
Schaden?«

144,11 *Buddhisten:* Anhänger der Lehre Gotama Buddhas
(560–480 v. Chr.), eines indischen Ethikers und Reli-
gionsstifters, der die Erlösung des Menschen aus dem
Kreislauf von Vergänglichkeit und Wiedergeburt durch
Verzicht, innere Einkehr und schließliches Verlöschen im
Nirwana verkündete.

145,12 *Moses:* im Alten Testament Anführer und Gesetzge-
ber des Volkes Israel, das er über vierzig Jahre lang
politisch und religiös formte (etwa zur Zeit des Pharao
Ramses II., 1301–1234 v. Chr.).

145,12 *Napoleon:* N. Bonaparte (1769–1821), als Napoleon I. Kaiser der Franzosen, dessen Wirken in Zerstörung und Aufbau die Voraussetzungen der modernen
europäischen Geschichte schuf.

145,13 *Bismarck:* Otto Fürst von Bismarck (1815 bis
1898), Gründer des Deutschen Reiches und dessen erster
Kanzler.

145,13 f. *Welcher Welle einer dient ... das liegt nicht in
seiner Wahl:* Die großen Persönlichkeiten der Geschichte,
die hier und im folgenden als Beispiele schicksalsbereiter
Auserwählter hervorgehoben werden, erscheinen durch
die biologistische Betrachtungsweise völlig aus dem histo-
rischen und sozialen Rahmen ihrer Zeit gelöst. Vorausge-
setzt wird ein entwicklungsgeschichtliches Modell, das
eine Eigenbewegung der Geschichte postuliert, der sich
der berufene Einzelne lediglich unterzuordnen braucht.

145,15 f. *Wenn Bismarck die Sozialdemokraten verstanden ... hätte:* Nach dem Attentat auf Kaiser Wilhelm I.
setzte Bismarck die sogenannten Sozialistengesetze durch
(1878), die sich gegen jegliche Aktivitäten der Sozialde-
mokratie richteten.

145,18 *Cäsar:* Gaius Iulius Caesar (100–44 v. Chr.), Feld-
herr und Staatsmann Roms, durch dessen Wirken Rom
von der alten Republik zur neuen Monarchie geformt
wurde.

145,18 *Loyola:* Ignatius von L. (1491–1556), Stifter des
Jesuitenordens, der durch sein glühendes Engagement,
seine Exerzitien und Reformbestrebungen entscheidenden
Einfluß auf die neuzeitliche Kirche gewann.

146,13 *Das Schicksal blieb verhüllt:* s. Anm. zu 135,5 und
140,26 f.

148,17 *Sinnbild meines Innern:* Sinclair spricht hier die
Bedeutung Frau Evas für seine Identitätssuche aus: als
Ich-Ideal verkörpert sie die erstrebte Synthese der Gegensätze; als Sinclairs »Anima«, die Verkörperung seiner aus
dem bewußten Selbstbild verdrängten weiblichen Züge,
spiegelt sie ihm seine ungelebten Möglichkeiten, die es im
Prozeß der Ich-Werdung zu integrieren gilt.

149,13 f. *Träume, in denen meine Vereinigung mit ihr sich
auf neue gleichnishafte Arten vollzog:* Daß die Vereinigung mit Frau Eva nur symbolisch, nie jedoch real geschehen kann, ist bereits in dieser Figur selber und in ihrer
Beziehung zu Sinclair angelegt. In Hesses Werken begegnen zwei Frauentypen, die in ihrer Bedeutung für den

Helden klar geschieden sind: die sinnliche Frau, die zugleich begehrt und verachtet wird, zu der sich der Mann nur vorübergehend hingezogen fühlt (Kamala in *Siddhartha*, Maria im *Steppenwolf*, Teresina in *Klein und Wagner*), und die weibliche Idealgestalt, in der sich das Bild der Mutter verkörpert und zugleich die eigenen ungelebten Möglichkeiten Existenz gewinnen. Diese Frauen prägen den Helden nachdrücklich, bleiben ihm jedoch als Liebespartnerinnen unerreichbar (Frau Eva im *Demian*, Hermine im *Steppenwolf*).

151,26 *einen riesengroßen Vogel:* Mit der Erscheinung des Sperberbildes geschieht hier und in den folgenden Gesprächen die Übertragung des innerseelischen Konflikts auf die Weltlage.

153,24 f. *Nichts Neues kommt ohne Tod:* Die notwendige Verknüpfung von Tod und Wiedergeburt, die auch im Sperberbild mitschwingt (Phönix aus der Asche) und in Demians Deutung des Bildes ausgesprochen ist (»Wer geboren werden will, muß eine Welt zerstören«; 91,11), führt hier zur Mythisierung des Kriegsgeschehens. Eingebettet in den Kreislauf von Werden und Vergehen erscheint die Zerstörung nicht allein unabwendbar, sondern geradezu willkommen.

154,28–30 *Mir war nicht beschieden, in Fülle und Behagen zu atmen, ich brauchte Qual und Hetze:* Hesses Außenseiter sind Getriebene, die sich stets nur vorübergehend in eine Gemeinschaft fügen, deren »bekömmliche Zimmertemperatur« (*Steppenwolf*; GW 7, S. 207), deren Zufriedenheit und Gesundheit ihnen jedoch sehr bald unerträglich wird: »Ein leichtes Leben, eine leichte Liebe, ein leichter Tod – das war nichts für mich« (*Steppenwolf*; GW 7, S. 348).

155,36–156,1 *Ich fühlte, daß Kraft von mir ausging:* s. Anm. zu 57,12–15.

156,5 *Die Kälte stieg mir bis zur Brust:* Klare Kälte symbolisiert in Hesses Dichtung stets das Vordringen in eine Sphäre höherer Geistigkeit und Vollkommenheit. So umgibt die »Unsterblichen« im *Steppenwolf* jene eiskalte, klare, dünne Luft der Vollendeten.

156,26 *Spannung mit Rußland:* Rußlands seit 1905 immer schärfer werdende Gegensätze zu Österreich-Ungarn führten nach der Ermordung des österreichisch-ungarischen Thronfolgers durch serbische Nationalisten und dem Wiener Ultimatum an Serbien am 28. Juli 1914 zur Kriegserklärung Österreich-Ungarns an Serbien und am 1. August 1914 zur Kriegserklärung seines Verbündeten Deutschland an Rußland.

157,11 *mobilisiert:* zum Kriegsdienst einberufen.

157,20–22 *Es wird mir ja ... kein Vergnügen machen ... nebensächlich sein:* Hier wird das Grauen der Vernichtung bagatellisiert; der politische Hintergrund erscheint belanglos, der Krieg selber austauschbar gegen jedwede Katastrophe.

157,23 *das große Rad:* Das Rad der Geschichte ist ein seit dem Altertum gebräuchliches Bild für den unaufhaltsamen Umschwung aller Dinge. In der Neuzeit betont das Bild die Einordnung des einzelnen Menschen in das Getriebe historischer Umwälzungen.

157,28 ff. *Alle Kraft hatte ich zusammengerissen ...:* Statt der ersehnten Liebeserfüllung trifft die Nachricht vom Ausbruch des Krieges ein. Dieser Umschlag von Erotik in Destruktivität geschieht in Hesses Dichtung immer dann, wenn dem männlichen Helden die Erfüllung versagt blieb. Sei es, daß die Liebe ihn in ihrer bloßen Körperlichkeit abstößt; sei es, daß ihm die Liebeserfüllung mit der mütterlichen Geliebten von vornherein versagt ist. Deutlichstes Beispiel der verwehrten Vereinigung mit der androgynen Geliebten ist Harry Hallers Mord an Hermine (*Der Steppenwolf*). Und ebenso wie Harry Haller deutet auch Sinclair die ihn zunächst erschreckende Botschaft der Vernichtung in einen Anruf des Schicksals, einen Aufruf zur Befreiung um.

160,21 ff. *Die Urgefühle, auch die wildesten, galten nicht dem Feinde ...:* Indem die Brutalität des Krieges bagatelli-

siert und die »Urgefühle« pathetisch verkündet werden,
werden Gewalt und Mord gerechtfertigt und im Bild des
kämpfenden »Riesenvogels« die sinnlose Vernichtung als
der Beginn einer »neuen Menschlichkeit« gepriesen. Zu
Hesses Einstellung zum Krieg vgl. Kap. VI.

160,30 f. *über den hohen, flandrischen Himmel:* In der
Schlacht von Flandern (20. Oktober – 3. November 1914)
versuchten die deutschen Truppen ans Meer vorzustoßen.
Nach dem Festlaufen des Angriffs folgte der Stellungs-
krieg an der Westfront.

161,7 ff. *In den Wolken war eine große Stadt zu sehen …:*
Sinclairs Vision der Frau Eva als Göttergestalt überhöht
ihre Bedeutung in dieser letzten »Begegnung« durch die
mitunter wörtliche Anspielung an die »Offenbarung des
Johannes«. In diesem letzten Buch des Neuen Testament
wird das Ende des Weltgeschehens in zum Teil auf die
apokalyptischen Vorstellungen des Alten Testaments zu-
rückgreifenden Bildern geweissagt. Übereinstimmungen
zeigen sich zunächst in der äußeren Szenerie: die große
Stadt in den Wolken; die unzähligen Menschen, die her-
beiströmen; Donner, Blitz und Erdbeben als endzeitliche
Erscheinungen.

161,10 *eine mächtige Göttergestalt:* In der großen Frauen-
gestalt werden die Gottesmutter Maria und die »große
Hure Babylon« eins. Beide erscheinen in der »Offenba-
rung«, an beide spielt auch Sinclairs Vision an. Die Göttergestalt mit den Sternen im Haar meint zunächst Maria
(Offb. 12,1), das Weh, das ihr Gesicht zeichnet, ist der
Schmerz der Gebärenden. An die große Hure Babylon
läßt Sinclairs Vision indes denken, als er die Menschen in
sie hinein verschwinden sieht »wie in eine riesige Höhle«.
Auch sie kauert am Boden und trägt ein Mal auf der Stirn.
Wie in der Offenbarung in der Hure Babylon die »alte
Eva«, die Sünderin erscheint, so tritt in der Gottesmutter
die »neue Eva« hervor. In der Vision der Frau Eva im
Demian sind alle drei Gestalten verschmolzen: die erste
Frau und Mutter aller Wesen, Gottesmutter und Geliebte.

161,34 *Ich lag in einem Stall auf Stroh:* Verschiedene Inter-
preten haben hierin eine Anspielung an die Geburt Christi
gesehen und entsprechend Sinclairs Ende als Opfertod
gedeutet.

162,29 f. *Ich werde fortgehen müssen:* Wahrscheinlich ist
hier Demians Tod angekündigt; am nächsten Morgen
findet Sinclair einen Fremden neben sich. Wichtiger aber
als die Frage nach Demians physischem Tod ist die Frage
nach seiner Bedeutung für Sinclair (vgl. Anm. zu
162,33 f.).

162,33 f. *Du mußt dann in dich hinein hören, dann merkst
du, daß ich in dir drinnen bin:* Die Vereinigung mit
Demian, die hier Bild geworden ist, läßt Sinclairs Lebens-
weg als sinnerfüllt begreifen. Er ist zur Erkenntnis und
lebendigen Verwirklichung seiner ganzen Persönlichkeit
durchgedrungen; er kann Demian entbehren, denn er
findet in sich selber das Bild des vollkommenen Menschen.

163,13 f. *da wo im dunkeln Spiegel die Schicksalsbilder
schlummern:* Der Blick in den Spiegel als Bild der Selbstbegegnung findet sich als zentrales Symbol im *Steppen-*
wolf wieder (besonders im »Magischen Theater«). Hesse
wählt ein archetypisches Bild, das die Fähigkeit der Psyche, den Betrachter mit seinem wahren Selbst zu konfron-
tieren und das bislang Unbewußte ins Bewußtsein zu
heben, sinnfällig darstellt.

163,14–16 *dann brauche ich mich nur über den schwarzen*
Spiegel zu neigen: Vom Schluß des Romans her stellt sich
noch einmal die Frage nach dem Erzählende; lesen wir die
Autobiographie eines Sterbenden (vgl. Anm. zu 8,7 f.)
oder – darauf könnte unter anderem der Tempuswechsel
vom Präteritum ins Präsens hindeuten – den Lebensrück-
blick eines Suchenden, der seinem Ziel ein Stück näher
gekommen ist? Mit dem letzten Satz, der im Unterschied
zu der gesamten erzählten Lebensgeschichte in der Ge-
genwartsform erscheint, schließt der Erzähler Emil Sinclair an den Vorspann, der der fiktiven Autobiographie

vorgeschaltet ist, an und versetzt den Leser damit wieder
in die Erzählgegenwart. Das Ende dieser Lebensgeschichte bleibt absichtlich offen: Ob der Verwundete seinen
Verletzungen erliegt oder ob dem Suchenden, der seiner
selbst inne geworden ist, die Zukunft als Ort der Bewäh-
rung offensteht (wie etwa dem »Steppenwolf« Harry Haller), läßt sich aus dem Text nicht eindeutig entscheiden.

II. Zur Entstehungsgeschichte

Hermann Hesse sandte sein Manuskript des *Demian* 1917 dem S. Fischer Verlag, Berlin, als angebliches Werk eines jungen, unbekannten Verfassers zu. Der Roman erschien zunächst im Jahre 1919 unter dem Titel *Demian. Die Geschichte einer Jugend – von Emil Sinclair* als Vorabdruck in der Zeitschrift *Die neue Rundschau* und noch im selben Jahr als Buch bei S. Fischer. Erst die 17. Auflage 1920 nannte Hermann Hesse als Autor.

Hesse trat so lange nur als Vermittler des angeblich schwer erkrankten Schweizer Autors Emil Sinclair auf, bis er 1920 von Otto Flake als Urheber des *Demian* erkannt und von dem Literaturkritiker Eduard Korrodi aufgefordert wurde, sich zu seiner Autorschaft zu bekennen. Im Juli 1920 ließ Hesse die gewünschte Erklärung in der Zeitschrift *Vivos voco* erscheinen und gab den dem literarischen Anfänger Sinclair zugedachten Fontanepreis zurück:

»Von vielen Seiten werde ich aufgefordert, mich darüber zu erklären, warum ich die Dichtung ›Demian‹ nicht unter meinem eigenen Namen herausgegeben habe, und warum ich gerade das Pseudonym Sinclair dafür wählte.

Nachdem einige Journalisten meine Autorschaft festgestellt und mein kleines Geheimnis zerstört haben, bekenne ich mich denn zu dieser Verfasserschaft. Die Ansprüche auf Enthüllungen und psychologische Erklärungen über die Entstehung des Demian und die Gründe für seine Pseud-onymität kann ich jedoch nicht erfüllen, auch nicht anerken-nen. Die Kritik hat das Recht, den Dichter zu analysieren, soweit sie es vermag, sie hat auch das Recht, das, was ihm wichtig und heilig ist, für Dummheiten zu erklären und ans Licht öffentlicher Diskussion zu ziehen. Damit jedoch sind ihre Rechte erschöpft. An den Geheimnissen, zu welchen die Kritik nicht vordringt, bleibt dem Dichter nach wie vor sein stilles Recht, von dem nur er weiß, sein kleines, behüte-tes Geheimnis.

Ich habe, da nun einmal leider der Schleier zerrissen wurde, den Fontanepreis, der dem Demian erteilt wurde, zurückgegeben und meinen Verleger beauftragt, künftige Neudrucke des Buches mit meinem Autornamen zu versehen. Ich halte meine Pflichten damit für erfüllt. Und für ein künftiges Mal weiß ich nun, durch Erfahrung klug, einen guten, einen vollkommen sicheren Weg, im Schatten zu bleiben, falls ich nochmals im Leben ein mir heiliges Geheimnis haben sollte. Ich werde ihn aber niemand verraten.«

Hermann Hesse: Gesammelte Werke in zwölf Bänden. Frankfurt a. M.: Suhrkamp, 1987. [Im folgenden zit. als: GW.] Bd. 11. S. 32 f. – © 1970 Suhrkamp Verlag, Frankfurt am Main.

Bereits während des Krieges hatte Hesse das Pseudonym Sinclair für seine politischen Aufsätze gewählt, um sein Wirken in der Schweizer Gefangenenfürsorge trotz seines publizistischen Engagements ungehindert fortsetzen zu können.
Zugleich jedoch verbarg sich der Autor, der bereits seit der Veröffentlichung von *Peter Camenzind* (1904) literarischen Ruhm genoß, bewußt hinter Pseudonymen, um künstlerisch und persönlich einen neuen Anfang zu setzen. In einem Brief an seinen Verleger Samuel Fischer bekannte er am 27. August 1919:

»[...] jedenfalls aber hat mein ganzer Kurs seit dem Kriege, etwa seit 1915, sich geändert. Ich habe anonym (um nicht die Jugend durch den bekannten Namen eines alten Onkels abzuschrecken) den ›Zarathustra‹ geschrieben. Ich habe, wie Ihre Frau ja schon erriet, pseudonym den Demian geschrieben (schon 1917), was Sie aber durchaus noch geheimhalten müssen.«

Hermann Hesse: Gesammelte Briefe. In Zsarb. mit Heiner Hesse hrsg. von Ursula und Volker Michels. 4 Bde. Frankfurt a. M.: Suhrkamp, 1973–86. [Im folgenden zit. als: GB.] Bd. 1. S. 415 f. – © 1973 Suhrkamp Verlag, Frankfurt am Main.

Seinem Arzt und Freund Dr. Josef Bernhard Lang (vgl. auch S. 49 f.) vertraute Hesse am 26. Januar 1920 an:

»Es mehren sich brenzlige Anzeichen dafür, daß man allmählich den Autor errät. Tun Sie aber bitte nichts dazu! Es wird ja einmal kommen, aber es tut mir leid, ich wäre lieber anonym geblieben. Am liebsten gäbe ich jedes neue Werk unter einem neuen Pseudonym heraus. Ich bin ja nicht Hesse, sondern war Sinclair, war Klingsor, war Klein etc. und werde noch manches sein [...].«

GB 1. S. 442 f.

Ein Blick auf Hesses biographische Situation läßt diese Zäsur im Leben und Schaffen des Dichters einsehbar werden. Hesse, der bei Ausbruch des Krieges bereits seit zwei Jahren in der Schweiz lebte, wirkte ab 1915 als Freiwilliger in der »Deutschen Kriegsgefangenenfürsorge Bern«. Immer wieder engagierte er sich in Briefen und Aufsätzen gegen Chauvinismus und Nationalismus. Sein bereits 1914 erschienener Aufsatz »O Freunde, nicht diese Töne!« (GW 10, S. 411–416), der die Denker und Künstler an ihre Friedensaufgabe mahnte, setzte ihn einer Welle von Schmähungen aus. So war etwa im Leitartikel des *Kölner Tageblatts* vom 24. Oktober 1915 zu lesen: »Wie ein Ritter von der traurigen Gestalt zieht der Drückeberger Hermann Hesse daher, als vaterlandsloser Gesell, der längst innerlich den Staub der heimischen Erde von seinen Schuhen geschüttelt hat.«
Zu den Erschütterungen des Krieges kamen bei Hesse schwere persönliche Belastungen: der Tod des Vaters, die gefährliche Erkrankung des jüngsten Sohnes Martin und das zunehmende Gemütsleiden seiner Frau Maria lösten zu Beginn des Jahres 1916 bei ihm eine schwere Nervenkrise aus. Er konsultierte daraufhin in Luzern den Arzt Dr. Josef Bernhard Lang, einen Schüler C. G. Jungs, der ihm Therapeut und Freund wurde. In den folgenden analytischen Sitzungen und durch die intensive Lektüre der Schriften Sigmund Freuds und C. G. Jungs sah sich Hermann Hesse

mehr und mehr mit seinem eigenen inneren Chaos konfrontiert. In seinem »Kurzgefaßten Lebenslauf« (1925) notierte
er:

»Diesmal aber blieb mir die Einkehr nicht erspart. Es dau-
erte nicht lange, so sah ich mich genötigt, die Schuld an
meinem Leiden nicht außer mir, sondern in mir selbst zu
suchen. Denn das sah ich wohl ein: der ganzen Welt Wahn-
sinn und Roheit vorzuwerfen, dazu hatte kein Mensch und
kein Gott ein Recht, ich am wenigsten. Es mußte also in mir
selbst allerlei Unordnung sein, wenn ich so mit dem ganzen
Weltlauf in Konflikt kam. Und siehe, es war in der Tat eine
große Unordnung da. Es war kein Vergnügen, diese Unordnung in mir selber anzupacken und ihre Ordnung zu versuchen.«

GW 6. S. 400.

Zugleich erfuhr Hesse in der Selbstbegegnung Wandlung
und Neubeginn. In »Künstler und Psychoanalyse« (1918)
beschrieb er, welchen Nutzen für ihn die Analyse gehabt
hatte:

»Wer den Weg der Analyse, das Suchen seelischer Urgründe
aus Erinnerungen, Träumen und Assoziationen, ernsthaft
eine Strecke weit gegangen ist, dem bleibt als bleibender
Gewinn, das was man etwa das innigere Verhältnis zum
e i g e n e n U n b e w u ß t e n nennen kann. Er erlebt ein wär-
meres, fruchtbareres, leidenschaftlicheres Hin und Her zwischen Bewußtem und Unbewußtem; er nimmt von dem,
was sonst unterschwellig bleibt und sich nur in unbeachteten
Träumen abspielt, vieles mit ans Licht herüber.«

GW 10. S. 50 f.

Im Briefwechsel mit Hesse, der zum Teil in der *Neuen
Zürcher Zeitung* veröffentlicht wurde, griff EDUARD KOR-
RODI am 4. Juli 1920, nachdem das Pseudonym gelüftet war,
in einem »Offenen Brief an Hermann Hesse« rückblickend

noch einmal die Bedeutung jener Neuorientierung auf (Hesses eigener Brief, aus dem Korrodi zitiert, ist nicht erhalten):

»Sie bemerken: ›Der diese Dichtung schrieb, war nicht ich, war nicht Hesse, der Autor so und so vieler Bücher, sondern ein anderer Mensch, der Neues erlebt hatte und neuem entgegenging‹ ... Einmal waren Sie der, wie mir scheint, eigentlich nächstliegenden Deutung, die auch der Wahrheit entspricht, ganz nahe. Sie sagen, es sei Ihnen denkbar, daß Einer sich einen neuen Namen gäbe, wenn er an einem bestimmten Punkt seines Lebens sich als Neuen,, als Beginnenden empfände. ›Genau dies war mein Fall, und was habe ich denn anderes getan als mir in einem solchen Augenblick einen solchen neuen Namen gegeben?‹«

Zit. nach: GB 1. S 568.

III. Zur Rezeptionsgeschichte

Hesses *Demian*, erschienen 1919 in einer Zeit, in der vor allem die aus dem Ersten Weltkrieg zurückgekehrten desorientierten jungen Menschen nach Orientierungshilfen und einer neuen Sinngebung für ihr Leben suchten, wurde von den Zeitgenossen fast ausnahmslos enthusiastisch aufgenommen.

THOMAS MANN beschrieb fast dreißig Jahre nach der Erstveröffentlichung im Vorwort zur amerikanischen Ausgabe des *Demian* 1948 (Verlag Henry Holt, New York) den sensationellen Bucherfolg, den Hesse mit seinem Roman erringen konnte:

»Unvergeßlich ist die elektrisierende Wirkung, welche gleich nach dem Ersten Weltkrieg der ›Demian‹ jenes mysteriösen Sinclair hervorrief, eine Dichtung, die mit unheimlicher Genauigkeit den Nerv der Zeit traf und eine ganze Jugend, die wähnte, aus ihrer Mitte sei ihr ein Künder ihres tiefsten Lebens entstanden (während es schon ein Zweiundvierziger war, der ihr gab, was sie brauchte), zu dankbarem Entzücken hinriß.«

Zit. nach: GW 11. S. 32.

Die »Botschaft« von der Einheit des Selbst und der Aufruf zur Selbstbefreiung und Selbstverwirklichung faszinierte die Leser zunächst weitaus mehr als der Kunstcharakter des *Demian*.

Um die begeisterte Aufnahme des Buches verständlich zu machen, lenkte LULU VON STRAUSS UND TORNEY in ihrem Artikel »Hermann Hesse« in der Zeitschrift *Die Tat* vom Dezember 1922 den Blick auf die geistige und psychische Notlage der damaligen Jugend:

»Diese deutsche Jugend des Weltkriegs und der Revolution war auch das Jahrzehnt vor 1914 schon in einer dunkelgärenden Bewegung gewesen, wie wenn sie die kommende

INTRODUCTION
BY THOMAS MANN
FOR A NEW GENERATION...
A NEW TRANSLATION
OF A MASTERPIECE. THE
FAMOUS NOVEL BY THE
AUTHOR OF **SIDDHARTHA**.

HERMANN HESSE
DEMIAN

Q5544 ★ $1.25 ★ A BANTAM BOOK

*Titelbild der amerikanischen Taschenbuchausgabe
des »Demian«, New York 1966*

Katastrophe ahnend in ihrer Seele spürte. In leidenschaftlicher Abkehr löste sie sich von der älteren Generation, von den Autoritäten und Mächten, die diese Katastrophe heraufgeführt hatten, und ging aus, ihr Leben aus eigenem Gesetz und eigener Verantwortung zu bauen, den Weg zu sich selbst zu suchen. Aber sich selber finden, ist das Werk eines ganzen Lebens und Reifens, und die letzten Probleme und Fragen lassen sich nicht rein erkenntnismäßig lösen, sondern nur erlebend und erleidend. [...] Und letzten Endes sah auch diese Jugend nur klar, was sie *nicht* wollte: die tiefe innere Verlogenheit dieser alten untergangsreifen Gesellschaftskultur, diese Verlogenheit die Ja sagt und Nein tut, die nicht den Mut zu sich selber hat.

Dieses Ja und Nein, das ein überkommener Sprach- und Denkgebrauch Gut und Böse nennt, trug die Jugend freilich selbst in sich und spürte schmerzhaft seinen Widerstreit. Aber sie wollte zum wenigsten ihren Zwiespalt nicht feige vertuschen, sich frei zu ihm bekennen. Und sie träumte davon, das Ja und Nein in sich zu einer letzten verwegenen und heiligen Einheit zu erlösen, aus der erst das ganze feste und rund in sich ruhende Ich geboren werden sollte, nach dem sie sich hinaufsehnte. [...] In dieser inneren Not kam dem einen oder anderen der ›Demian‹ in die Hände. Er las, und es war ihm, als werde ihm eine Binde vom Auge genommen. Las und fand – sich selber.«

Die Tat. Monatsschrift für die Zukunft deutscher Kultur 14 (1922) H. 9. S. 695 f. – Mit Genehmigung von Antje Diederichs, Köln.

Die zeitgenössische Kritik rühmte an Hesses Roman insbesondere sein psychologisches Verständnis und sein Einfühlungsvermögen. Die intime Kenntnis der menschlichen Seele, ausgesprochen in Worten, die um neue Ausdrucksnuancen ringen, ließ die Leser, Schriftstellerkollegen und Kritiker aufhorchen.

HUGO BALL, Hesses Freund und erster Biograph, schrieb 1927 (*Hermann Hesse. Sein Leben und sein Werk*), daß dessen Beschäftigung mit der Psychoanalyse in einer Lebenskrise ein literarisches Meisterwerk hervorgebracht habe:

»[...] die Frucht der intensiven, alle Fragen der modernen Psychotherapie streifenden Gespräche ist ein Meisterwerk der deutschen Sprache: Hesses ›Demian‹. [...] ›Demian‹ ist ein Durchbruch des Dichters auf der ganzen Linie; ein Durchbruch zu sich selbst, bis hinab in eine Urverflechtenheit. Und ist ein Sang von der Gewalt des Muttertums; ein Sang von den Wurzeln des Menschenwesens. Die Sprache ist durchsichtig hell, und doch so sehr in eine makabre, mohnhafte Sphäre getragen, daß sie gleich Gertrucens Stimme alle wilde Süßigkeit der Leidenschaft, und sogar einer inzestuösen, einer kainitischen Leidenschaft, zu tragen weiß und doch ganz rein von menschlichen Gedanken und Stürmen zu leuchten vermag. Denn auch die Zeit ist in diese Sprache eingegangen, und welch eine Zeit! Eine brudermörderische, eine rebellische, eine gesetzwidrige Zeit.«

Hugo Ball: Hermann Hesse. Sein Leben und sein Werk. Frankfurt a. M.: Suhrkamp, 1977. S. 119, 125. [Erstausg. Berlin: S. Fischer, 1927.] – © 1977 Suhrkamp Verlag, Frankfurt am Main.

Nachdem Hesses Bücher während des Zweiten Weltkriegs als »unerwünschte Literatur« gegolten hatten, erlebten nach Kriegsende eben jene Werke, die sich thematisch (Ich-Suche), weltanschaulich (bürgerlich-humanistische Grundwerte) sowie durch ihr eindringliches Identifikationsangebot als Orientierungshilfen geradezu anboten, *Demian* und *Der Steppenwolf*, einen neuen Aufschwung.

FRANZ BAUMER bemerkte in der 1977 von Martin Pfeifer zusammengestellten internationalen Rezeptionsgeschichte von Hesses Werken:

»Wieder ist es eine aus dem Krieg heimgekehrte Generation, die Hesse entdeckt. Zunächst noch als Geheimtip für Litera-

turliebhaber, kommen seine nun wieder leichter zugäng-
lichen Bücher bald in größeren Umlauf.«

Franz Baumer: Deutschland. In: Martin Pfeifer
(Hrsg.): Hermann Hesses weltweite Wirkung. Internationale Rezeptionsgeschichte. Bd. 1. Frankfurt a. M.: Suhrkamp, 1977. S. 29. – © 1977 Suhrkamp Verlag, Frankfurt am Main.

Doch mit der Verleihung des Nobelpreises 1946 und der
Auszeichnung mit dem Frankfurter Goethe-Preis im selben
Jahr sowie mit dem Friedenspreis des Deutschen Buchhan-
dels 1955 hatte Hesses Popularität ihren vorläufigen Höhepunkt erreicht. Der rapide wirtschaftliche Aufschwung in
der Bundesrepublik Deutschland trug vielleicht dazu bei,
daß das Interesse an Hesses Büchern mehr und mehr
erlosch. Bereits 1950 hatte GOTTFRIED BENN sich entgegen
der vorherrschenden Hochschätzung Hesses durch Schriftstellerkollegen und Intellektuelle in einem Brief an Ernst
Robert Curtius unmißverständlich ablehnend geäußert:
»Den empfand ich immer als eine durchschnittlichen Ent-
wicklungs-, Ehe- und Innerlichkeitsromancier – eine typisch
deutsche Sache.« (G.B., *Ausgewählte Briefe*. Mit einem
Nachw. von Max Rychner, Wiesbaden 1957, S. 200.)
Im Jahre 1957 klassifizierte KARLHEINZ DESCHNER in seiner
Schrift *Kitsch, Konvention, Kunst* Hesses Bücher als »zuck-
rig-romantisch, läppisch-empfindsam, nah dem Schmacht-
fetzen, der Schnulze, dem Kitsch«. Besonders die junge
Generation, die gegen die Traditionen und Werte der Eltern
aufbegehrte, wandte sich von dem »Autor des individuellen
Katzenjammers« ab (Curt Hohoff, in: *Süddeutsche Zeitung*
vom 10. August 1962).
Die in den sechziger Jahren in den USA und in Japan
aufflammende unerwartete Hesse-Begeisterung, die in
den siebziger Jahren quasi als Rückimport »gegen den Widerstand des kulturellen Establishments« (F. Baumer,
»Deutschland«, S. 32) auch die deutschen Leser erfaßte,
verdankte sich nicht zuletzt auch dem *Demian*. Die Romane

Demian, *Siddhartha*, *Der Steppenwolf* und *Narziß und Goldmund* standen an der Spitze der allein bis 1976 in den USA verkauften elf Millionen, in Japan sogar zwölf Millionen Hesse-Titel.
Über den *Steppenwolf*, neben *Siddhartha* Hesses erfolgreichstes Buch in den USA, äußerte sich JOHN LION, Regisseur des »Steppenwolf-Theaters« in Berkeley:

»Wir gründeten dieses Theater, um Stücke aufzuführen, die der Gedankenwelt des ›Magischen Theaters‹ aus dem ›Steppenwolf‹ entsprachen. Der Standort des modernen amerikanischen Intellektuellen gleicht sehr dem des Helden im ›Steppenwolf‹: nicht eingefangen zu werden von der Anarchie, die in diesem Lande zu einem echten Problem geworden ist, und nicht von der etablierten Ordnung, die einen sehr starken Druck ausübt. Er ist ein Halbwolf. Halb Durchschnittsbürger, halb Wolf. Die meisten Intellektuellen in Amerika kennen so ein ähnliches Gefühl.«

Zit. nach: Baumer. S. 33 f.

Befragt nach der Namenswahl für seine berühmte Beatband »Steppenwolf«, antwortete ihr Gründer JOHN KAY:

»Das Wort sah gut aus und hörte sich gut an. Obwohl eine Menge Leute nicht genau wußten, was es zu bedeuten hatte, konnten sie sich mit der Wolfsidee identifizieren: animalischer Sound, primitiver Rock und so. Als ich das Buch gelesen hatte, fand ich noch etwas anderes: nämlich die Suche, das ziellose Umherschweifen zwischen Establishment und dem Aussteigen aus der herrschenden Gesellschaft, den Wunsch, das Beste zweier Welten zu erlangen. Der Heuchelei von Familienleben und Gesellschaft entfremdet, sehnt man sich zur gleichen Zeit nach der Wärme und Behaglichkeit des Systems, aber auch nach der intellektuellen Freiheit des einsamen Wolfes in der Steppe, in vollkommener Isolation, jede Beschmutzung vermeidend.«

Ebd. S. 34.

Schrieb in den USA die aus unterschiedlichen gesellschaftlichen Gruppen hervorgehende Protestbewegung der Jugend Hesses Namen auf ihr Panier, so waren es in der Bundesrepublik Deutschland zur Zeit der Studentenbewegung und der nachfolgenden antiautoritären Bewegungen der siebziger Jahre vor allem die Nonkonformisten, die sich auf Hesses Plädoyer für den Einzelnen und seinen Kampf gegen Gleichschaltung und Monotonisierung beriefen.

IV. Perspektiven der Forschung

HUGO BALL deutet in seiner Hesse-Biographie (1927) den Roman *Demian* aus dem Lebenszusammenhang des Dichters:

»So entsteht eines der seltsamsten und tiefsten Bücher unserer Literatur: ein hohes Lied vom Freunde, der in die Mysterien eingeweiht und Züge der Vorsehung in seinem rätselhaften Gesichte trägt. So entsteht ein hohes Lied der Mutter, das hohe Lied der »Frau Eva«, doch einer sehr geläuterten, verflüchtigten, einer vom Tod und allen Schauern des Jenseits umwitterten Frau Eva. So löst sich jene Welt, die der Dichter durch Jahrzehnte in sich ausgetragen und verschwiegen hatte. [...] Die Umstände müssen sehr günstig, die Erlebnisse außerordentlich sein, um solch ein Buch zu ermöglichen. Jeder Satz vermittelt den heftigen, sicheren Griff eines Intellektes, der lange Zeit auf der Lauer lag, die Qual des Innern ins helle Licht zu drängen und zu binden. Der Dichter spricht von seiner damaligen »Besessenheit durch Leiden«; von einer »Höllenreise durch sein Selbst«. Der Bann ist jetzt gebrochen. Eine Heimat, eine Verknüpfung des Ichs mit den »ewigen, außerzeitlichen Ordnungen« ist gefunden.«

Ball: Hermann Hesse: S. 124 f. – © 1977 Suhrkamp Verlag, Frankfurt am Main.

Themen, die die Forschung später wieder aufgreifen wird, klingen hier bereits an: der Weg ins Innere als Aufspüren menschlicher Grundkonstellationen, die vielschichtige Bedeutung der Muttergestalt, die religiöse Aura des Romans und die Suche nach einer neuen Sprache.

Hesses »Weg nach Innen« wird zuerst von MALTE DAHRENDORF in seiner Untersuchung »Hermann Hesses ›Demian‹ und C. G. Jung« (1958) gründlich und bis in den Nachweis gedanklicher und beinahe wörtlicher Parallelen hinein auf

die Begegnung mit den Schriften C. G. Jungs zurückge-
führt.

Dagegen vertritt MARK BOULBY in seiner Studie *Hermann
Hesse. His Mind and Art* (1967) – wie auch JOSEPH MILECK
in seinem Buch *Hermann Hesse. Dichter, Sucher, Bekenner*
(1979) – die Ansicht, daß neben dem Einfluß C. G. Jungs
auch Sigmund Freuds Schriften stark auf den Dichter
gewirkt haben. Zugleich betont er die Eigenständigkeit des
Kunstwerks, das zwar von psychischen Problemen handelt
und von psychologischen Einsichten zeugt, das sich jedoch
allein im Bedeutungsraster psychoanalytischer Theorien
nicht adäquat erfassen läßt.

Als weitere Bedeutungskoordinaten nennt Boulby die Bibel
(Verlorener Sohn, Kain und Abel, Schächer am Kreuz) und
die Mystik deutscher Romantiker.

Selbstschau als Rückkehr zu früheren Existenzstufen, wie
Sinclair und Pistorius sie in ihren Meditationen erleben,
findet Boulby auch in Hesses Novelle *Klein und Wagner*
und in seinem späteren Roman *Siddhartha* gestaltet.

In neuester Zeit haben JOHANNA NEUER (»Jungian Archetypes«, 1982) und DONALD F. NELSON (»Hermann Hesse's
›Demian‹«, 1984) erneut auf den Charakter des *Demian*-
Romans als literarischer Selbstanalyse aufmerksam gemacht.
Den Romangestalten kommt dabei die Funktion von Arche-
typen zu. Sie lassen sich ebenso als archetypische Seelenin-
halte interpretieren wie auch realistisch als Personen der
Außenwelt, in denen dem Individuum die Archetypen in
ihrer Fülle der Bedeutungen, ihrer mitunter sogar wider-
sprüchlichen Symbolik gegenübertreten. So besitzt Max
Demian die Eigenschaften des weisen Alten in gleichem
Maße wie die Merkmale des ewigen Jünglings; seine Zeitlosigkeit weist ihn zudem als eine Projektion des kollektiven
Unbewußten aus (vgl. J. Neuer). Donald F. Nelson sieht im
Roman den Ödipus-Konflikt gestaltet und die Lösung der
Mutterbindung vollzogen. In Frau Eva tritt Sinclair die Frau
als Mutter, Geliebte, aber auch als Hure und als Göttin
entgegen. In seinen Träumen gelingt Sinclair allmählich die

Unterscheidung des Mutterbildes und der Anima, der Verkörperung des weiblichen Prinzips im Mann. Ihre Trennung gilt als wesentliche Voraussetzung zur Überwindung der Mutterbindung, die die Selbstwerdung des Individuums blockiert.

Gerade an der Gestalt Frau Evas scheiden sich die unterschiedlichen Interpretationen. Für Dahrendorf gehört Frau Eva in die Reihe der Symbolbilder, die als »Libidogleichnisse« Sinclairs Weg zur personalen Ganzheit weisen. Ebenso erblickt Neuer in dieser androgynen Gestalt ein Symbol der Einheit, der Harmonie, der Ganzheit, die ihre »archetypal function as a guide« (J. N., »Jungian Archetypes«, S. 15) bestätigen.

Gegen eine einseitig psychoanalytische Deutung wendet sich HANS JÜRG LÜTHI in seinem Buch *Hermann Hesse. Natur und Geist* (1970). Über Frau Eva heißt es:

»Diese Gestalt ist Mutter und Geliebte [. . .]; und doch wäre es vollkommen falsch, sie nach den Kategorien der Psychoanalyse zu interpretieren. Sie ist nicht die Geliebte, wie Jokaste für Ödipus, ist nicht Gegenstand der *libido*, sondern bleibt Bild, Götterbild [. . .]. Frau Eva ist Gott in der Gestalt der Mutter, der Seelengott Abraxas hat in ihr seine Verkörperung gefunden. Alle Gegensätze, wie etwa die von Leben und Denken, außen und innen, böse und gut, die den jungen Sinclair durch ihre scheinbar unüberbrückbare Zweiheit gequält haben und Erscheinungsformen des Grundgegensatzes von Natur und Geist sind, sie alle sind in Frau Eva zu höchster Identität vereint.«

Hans Jürg Lüthi: Hermann Hesse. Natur und Geist. Stuttgart [u. a.]: Kohlhammer, 1970. S. 44 f. – Mit Genehmigung von Hans Jürg Lüthi, Gerzensee (Schweiz).

Vermittelnd resümiert dagegen JOSEPH MILECK in seiner Biographie *Hermann Hesse. Dichter, Sucher, Bekenner* (1979 erstmals in deutscher Übersetzung erschienen):

»Hesses Werk trägt den unauslöschlichen Abdruck der Psychoanalyse, aber nur ihren Abdruck. Hesses Erzählungen wurden nie zum bloßen angewandten Jungianismus oder Freudianismus. Hesse war als Denker zu unabhängig, um bloß psychologische Traktate zu schreiben. Auf seine übliche eklektische Weise entlehnte er von beiden Analytikern und von andern, was immer ihn reizte und ihm von Nutzen sein konnte, und wie üblich modifizierte er alles, was er sich aneignete, so, daß es sich seinen eigenen Gedankengängen anpaßte und seinen Absichten diente. Hesse begann nicht, eine neue Kunst auszuüben; er integrierte die Psychoanalyse einfach in sein Werk, wie er es mit allen Erfahrungen tat.«

Joseph Mileck: Hermann Hesse. Dichter, Sucher, Bekenner. Biographie. Aus dem Amerik. übers. von Jutta und Theodor A. Knust. Frankfurt a. M.: Suhrkamp, 1987. S. 107f. [Deutsche Erstausg. München: Bertelsmann, 1979.] – © 1979 C. Bertelsmann Verlag GmbH, München.

Die Gestalt Max Demians, die dem Roman seinen Titel gab und die zweifelsohne seine perspektivenreichste Figur ist, gab der Forschung immer wieder Anlaß zu weitreichenden Deutungen.

Bereits der Name »Demian« legt Vermutungen nahe: ob nun ein Wortspiel, ein Anagramm des Wortes »jemand« zugrunde liegt oder eine Umformung des griechischen Wortes *daimon* (›Dämon, innere Stimme‹), wie Joseph Mileck 1961 in seinem Aufsatz über Hesses Namensgebung spekuliert (J. M., »Names and the Creative Process«). Doch verbinden sich beide Hypothesen für JOSEPH MILECK durch die Einsicht in den überindividuellen Charakter dieser Gestalt:

»Demian ist Sinclairs sokratisches Daimonion, sein mahnendes inneres Selbst, aber er ist auch eine Jungsche Imago, Sinclairs geistiges Bild vom idealen Selbst, und außerdem ist er das reflektierende, von der Kultur unbeeinflußte *Alter ego*, das Sinclair werden muß, bevor er sich selbst zu leben anfangen kann: ein Daimonion, eine Imago und ein *Alter ego* werden zu einem führenden Psychoanalytiker, einem Guru oder einem Schutzengel.«

Ebd. S. 99.

THEODORE ZIOLKOWSKI macht in seiner Interpretation *The Novels of Hermann Hesse* (1965) auf ein erzählerisches Prinzip aufmerksam, das den gesamten Roman strukturiert: die Präfiguration. Tradierte Mythen, Symbole, biblische typologische Gestalten, deren Bedeutung über ihren eigenen Lebenszusammenhang hinausweist, werden umgedeutet zum Sinnbild der Individuation. So erscheint Sinclair als typologische Figur: durch den Versucher verführt, symbolisiert er den Sündenfall der Menschheit. Jedoch – und hierin liegt die Umdeutung der biblischen Folie – bedeutet der Sündenfall einen Akt der Befreiung. Demian figuriert in diesem Interpretationsmodell als Christus-Gestalt: ihn umgibt eine Art Heiligenschein, er vollbringt »Wunder«, er führt gelehrte Streitgespräche mit seinen Lehrern, predigt ein zukünftiges Reich und umgibt sich mit einer Schar von Jüngern, die er durch Gleichnisse lehrt. Auch Sinclairs »Gebet«, sein Hilferuf an Demian und die außergewöhnliche Großschreibung des Pronomens »Ihm« im Schlußsatz des Romans bestätigen Demians Christusrolle. Im Einklang mit dieser Deutung läßt sich dann auch der liturgisch-biblische Tonfall des Romans erklären.

Jedoch – und hierin gründet die Ironie des Romans – verkündet für Ziolkowski die Christusfigur Demian in biblischer Sprache und biblischen Bildern die Kulturtheorie Friedrich Nietzsches, eines erklärten vehementen Gegners des Christentums.

Das biblische typologische Schema hebt auch IRINA KIRK in ihrem Aufsatz »Hermann Hesses ›Demian‹: Paradise Lost and Regained« (1973) hervor. Sinclairs Individuation wird gestaltet als Vertreibung aus dem Paradies und als Suche nach einem neuen Eden. Auch hier wird die Umwertung deutlich: Sinclair hat nicht die Harmonie des Paradieses verloren, sondern sich vielmehr von der drückenden Autorität des Vaters befreit.

Seine These der »multidimensional possibilities of reading« illustriert Ziolkowski selber mit seiner Interpretation des Demian-Romans als einer Nachgestaltung der Suche Parzivals nach dem Gral. Dieser im frühen 20. Jahrhundert in der Literatur außerordentlich beliebte Stoff hat nach Ziolkowskis Ansicht auch Hesses *Demian* geformt. Der Aufbau des Buches korrespondiert im wesentlichen mit Richard Wagners Oper *Parzifal* aus dem Jahre 1882.

Daß Hermann Hesses *Demian* nicht nur im autobiographischen Kontext einen Neuanfang bedeutet, sondern auch die Suche nach neuen künstlerischen Ausdrucksweisen bezeugt, hat 1927 bereits Hugo Ball (*Hermann Hesse. Sein Leben und sein Werk*) erkannt. Die Konzentration der Darstellung auf die wesentliche innere Linie, die rigorose Auswahl der Wirklichkeitspartikel und die strenge Funktionalisierung der Figuren erscheinen auch Dahrendorf als Merkmale des neuen psychologischen Erzählens.

PETER SCHIEFER zeichnet in seiner Studie über die *Grundstrukturen des Erzählens bei Hermann Hesse* (1959) diese Innenwendung im Detail nach. Die Konzentration des Erzählens auf die Erlebniswelt einer einzigen Person, die Funktionalisierung der Weltdarstellung, ausgerichtet auf die inneren Erlebnisse der Hauptfigur, und die Dominanz der subjektiven erlebten Zeit über die objektive erscheinen als die wichtigsten Charakteristika dieser Seelenbiographie, deren Konflikte dem Innenraum der Psyche entspringen, deren Erzähltelos die Darstellung seelischer Wirklichkeit in der Selbstwerdung des Helden ist.

Die unrealistische Darstellungsweise, den Übergang zu surrealistischen oder lyrischen Erzählweisen hebt RALPH FREEDMAN als Epochenmerkmal des modernen Romans im 20. Jahrhundert hervor. In Hermann Hesses »lyrical novel« *Demian* sieht er die konstitutiven Merkmale dieses Genres erfüllt: in metaphorischen Visionen und bildlichen Evokationen erscheint der Konflikt zwischen Ich und Welt, der im traditionellen Roman in dramatischer Aktion vorgestellt wird, in symbolischer oder allegorischer Selbstdarstellung. Auf diese Weise entstehen Hesses symbolische »Selbstbildnisse« (vgl. R. F., *The Lyrical Novel*, 1963).

Die Gegensatzstruktur des Romans, die sich bis in die Sprache hinein geltend macht, hat HEINZ STOLTE das »Prinzip der polarischen Spaltung« genannt:

»[...] was im eigenen Inneren als spannungsvoller Widerspruch, als Polarität eines und desselben Charakters empfunden wird, zerlegt sich im gestalteten Werk in zwei polarisch einander zugleich widersprechende und ergänzende Personen.«

> Heinz Stolte: Hermann Hesse. Weltscheu und Lebensliebe. Hamburg: Hansa-Verlag, 1971. S. 44. – Mit Genehmigung von Heinz Stolte, Hamburg.

Über den Einfluß gnostischen Gedankenguts auf Hermann Hesses Neigung zu polaren Denkstrukturen herrscht in der Forschung Einigkeit (stellvertretend seien hier Malte Dahrendorf, *Der »Entwicklungsroman« bei Hermann Hesse*, 1955, und Walter Jahnke, *Hermann Hesse: Demian*, 1984, genannt). Daß neben dem aktuellen Mythos der Götterdämmerung und der Mystifizierung des Unbewußten durch C. G. Jung Hesses Roman auch weitgehend literarischen Vorbildern verpflichtet ist, hat WALTER JAHNKE in seiner Studie detailliert nachgewiesen. Einflüsse Hölderlins, der Romantiker Wackenroder, Novalis und Eichendorff sowie Gottfried Kellers und Walter Flex' werden deutlich.

Unmißverständlich stellen die Übereinstimmungen mit Walter Flex' 1917 erschienenem Erfolgsroman *Der Wanderer zwischen beiden Welten*, in dem Krieg, Opfer und Tod verklärt und mythisiert werden, Hermann Hesses Roman in den Kontext von Kriegsbegeisterung und Opferideologie. ROBERT C. CONARD spricht die Affinität des Demian-Romans zu präfaschistischen Tendenzen unumwunden aus, macht jedoch zugleich auf den Widerspruch zwischen Her-

mann Hesses humanistischem Engagement und seiner
Schicksalsideologie aufmerksam (vgl. R. C. C., »Socio-
Political Aspects of Hesse's ›Demian‹«, in: Sigrid Bauschinger / Albert Reh (Hrsg.), *Hermann Hesse. Politische und
wirkungsgeschichtliche Aspekte*, Bern 1986).

JEFFREY SAMMONS weist in diesem Zusammenhang auf
zwei wiederkehrende Klischees in Hesses Dichtung hin, die
weitreichende Folgen gehabt haben: das Führerprinzip
und die Apokalypse der bürgerlichen Gesellschaft (J. S.,
»Hermann Hesse und der Germanist über Dreißig«, in:
E. Schwarz (Hrsg.), *Hermann Hesses »Steppenwolf«*, S. 172
bis 176).

PETER DE MENDELSSOHN hat in seiner Studie über den
»Außenseiter« Hermann Hesse (*Von deutscher Repräsentanz*, 1972) den Mythos vom Krieg, den der Demian-Roman
allenthalben verkündet, angeprangert. Er zitiert einen Brief
Hesses vom 26. Dezember 1914 an Volkmar Andreä, in dem
es heißt:

»Viel lieber als der Krieg ist mir das normale Leben der
Herdenmenschen auch nicht, und viele von ihnen merken
das jetzt auch und kommen aus den Schlachten heim mit der
Sehnsucht, vernünftiger, schöner, besser zu leben.«

                                                    GB 1. S. 257.

Die Mißachtung des einzelnen Lebens und die historische
Kurzsichtigkeit, die aus dieser Äußerung sprechen, lassen
PETER DE MENDELSSOHN stellvertretend für den heutigen
Leser betroffen nach den Ursachen für die ambivalente
Haltung des Autors fragen:

»Daß den verachteten Herdenmenschen ihr ›normales Leben‹ noch immer lieber sein könne als gar kein Leben, daß
sie aus den Schlachten überhaupt nicht heimkommen, sondern in ihnen nicht zu Tausenden, sondern Hunderttau-
senden zugrunde gehen könnten – dieser Gedanke taucht
überhaupt nicht auf. Dieser Brief wurde nach der Marne-
schlacht geschrieben; vorher, als man noch mit einem kur-

zen, wenig verlustreichen Krieg von ein paar Wochen rechnete, wäre er nicht erbaulicher, aber doch begreiflicher gewesen.«

Peter de Mendelssohn: Von deutscher Repräsentanz. München: Prestel, 1972. S. 283. – © 1972 Prestel-Verlag, München.

Eine Antwort versucht VOLKER KNÜFERMANN 1985 in seinem Demian-Aufsatz, der den Titel »Kultus der Mythologien« trägt. Er argumentiert, daß gerade die scheinbar apolitisch »Geistigen« durch ihre Enthaltsamkeit von der Wirklichkeit das Individuum, das sich ganz auf sich selber zurückzieht, aus der gesellschaftlichen Verantwortung entlassen (V. K., »Kultus der Mythologien«, S. 55–57).
Die Folgen einer symbolischen Überhöhung des Kriegsgeschehens zeichnen sich für VOLKER KNÜFERMANN alsbald ab:

»Alles Irdische wird hier zum Gleichnis, aber doch wohl in gefährlicher Weise. Das mythologische Bild des Vogels, der sich aus dem Ei befreit, Zerstörung und Neugeburt gleichermaßen symbolisierend, und das projiziert wird auf die geschichtliche Wirklichkeit, legitimiert nicht nur die gesellschaftliche Katastrophe, sondern entbindet das Individuum von seiner Verantwortung dafür.«

Volker Knüfermann: Kultus der Mythologien. Hermann Hesses »Demian«. In: Etudes Germaniques 40 (1985) S. 57.

Den Ursachen für die in großen zeitlichen Abständen immer wieder aufflammende Hesse-Begeisterung spürt EBERHARD LÄMMERT in seinem Vortrag »Hermann Hesse – Einzelgänger für Millionen« (1977) nach. In Hesses Versuch der Nicht-Anpassung, seiner Abwehr jeglicher Normierung, sieht er die Faszination des Autors vor allem für jugendliche Leser. Hesses weltanschauliche Unbestimmtheit öffnet gleichzeitig der Leseridentifikation Tor und Tür. Lämmerts Argumentation, daß Verweigerung und Nicht-Anpassung

jedoch durchaus einem »konservativen«, erhaltenden Werte-
kanon entstammen, weist dem Außenseiter Hermann Hesse
seinen Platz im gesellschaftlichen Gefüge seiner Zeit zu:

»Nicht-gehorchen, Protest, rebellisches Situationsverhalten
– erstaunlicherweise hat man bisher so gut wie nicht den
Umstand bemerkt, daß bei Hesse, und jedenfalls auch bei
den Jugendlichen um 1900 wie nach 1945, *eine* alte Norm
unangetastet, ja mit äußerster Sorgfalt gehütet blieb, jene
Norm nämlich, die zugleich die Idealnorm bürgerlichen
Lebensverhaltens ist: ›Sei ein unverwechselbares Indivi-
duum!‹ Die Verpflichtung auf Nichtgehorchen und die
ganze Kette von der Schulflucht bis zum Privathaus mit dem
Besucherverbot und der Abwehr aller Vereinnahmung
durch öffentliche Feierlichkeiten, bei gleichzeitiger Pflege
einer immensen Korrespondenz zum privatpersönlichen
Umgang mit der eigenen Lesergemeinde – das sind allesamt
Charakteristika eines Lebensplans, zu dem die bürgerliche
Neuzeit die Idee vorgegeben hat: die Idee der autonomen
Persönlichkeit, ausgestattet mit unbestechlicher Selbstver-
antwortung und kreativen Fähigkeiten zur Selbstverwirklichung, kurzum – das Idol des Privatmanns, der allenfalls
durch Zivilcourage den politischen Kräften verbunden oder
konfrontiert ist.«

> Eberhard Lämmert: Hermann Hesse – Einzelgän-
> ger für Millionen. In: Jahrbuch der Deutschen
> Schillergesellschaft 21 (1977) S. 539 f. – Mit Geneh-
> migung von Eberhard Lämmert, Berlin.

Die Faszination, die von Hesses Werken ausgeht, und das
Mißverständnis, dem sie zu allen Zeiten auch unterworfen
waren, sieht EBERHARD LÄMMERT gleichermaßen im Außen-
seitergestus seiner Dichtung begründet:

»Hesse begünstigt mit der Allgemeinheit seiner Sujets und
seinem Sprachstand mehr noch als der junge Goethe zu
seiner Zeit die Identifikation der Leser mit seinen Figuren.
Er begünstigt darüber hinaus durch seine Einzelgängerthe-
men, daß auch eine Mehrheit sich in die Rolle hineindenkt

oder -träumt, eine ausgezeichnete Minderheit zu sein. Hesse
ist andererseits ein treulicher Warner vor mancherlei oppor-
tunistischem Fehlverhalten und im eigenen Leben abstinent
bis zum äußersten in dieser Hinsicht gewesen. Und er hat
eins verstanden, in dem alle, die sich von der Milde seines
Stils und der Leichtigkeit angesponnener Gedanken zu
einem vermeintlichen Auserlesenheitsgefühl hinreißen lassen, Hesse wirklich verkennen: Er hat verstanden und es
selbst formuliert, ›daß die Menschheit der Dichter bedarf,
sie sogar liebt und schätzt, meistens überschätzt, und daß
sie ... doch ... ihrem Ruf nie folgen, ihr Tun niemals ernst
nehmen darf.‹ Nähme sie sie ernst und folgte sie ihnen – so
argumentiert Hesse, der klassische Nachfahre, treulich in
den Spuren Goethes –, dann ginge sie unter, verstieße sie
aber ihre Dichter, so brächte sie sich um einen ihrer ange-
nehmsten Reize.«

Ebd. S. 541 f.

V. Beziehungen zu anderen Werken Hesses

Demian ist wie fast alle Romane Hermann Hesses die Geschichte eines Einzelnen auf seiner Suche nach sich selber. In *Peter Camenzind* (1904) findet die gleichnamige Zentralfigur des Romans ihre Identität nach mehreren gescheiterten Versuchen, in der zeitgenössischen Gesellschaft ihren Platz zu finden, im Rückzug in das »einfache Leben«, in die Idylle der Natur. *Siddhartha* (1922) geht den Weg der Ich-Aufhebung in der erlebten Einheit alles Lebendigen. Im *Steppenwolf* (1927) schließlich weiß sich Harry Haller, der erst durch die schmerzhafte Erfahrung seiner inneren Gegensätze zur Ahnung seines Selbst durchdringt, am Ende seiner Leiden erst am Anfang seiner Selbstverwirklichung.

Besondere Intensität gewinnt die Suche nach der eigenen Identität in der Jugend. Gerade in der Pubertät werden dem jungen Menschen die Autoritäten fragwürdig, die überkommenen Werte und Normen zweifelhaft. Wie ein Leben zerbrechen und ein Mensch untergehen kann, dem der Raum für die eigene innere Entfaltung aufs engste begrenzt wird, zeigt Hesses frühe Erzählung *Unterm Rad* (1906). Hans Giebenrath scheitert am Unverständnis seiner Erzieher ebenso wie an seiner eigenen inneren Zerrissenheit. Selbst die Erfahrung der Liebe, die für Emil Sinclair zur wegweisenden Kraft wird, trägt zu Giebenraths Untergang bei.

Die Erfahrung der »Zwei Welten«, die Emil Sinclairs Wahrnehmung prägt, strukturiert beinahe jeden Text Hermann Hesses. Allerdings wird dieses Erleben der Polarität nirgends so ausdrücklich thematisiert wie gerade im *Demian* und in der ebenfalls 1919 erstmals veröffentlichten Novelle *Klein und Wagner*, die später in den *Gesammelten Werken* als Teil der Erzählsammlung *Klingsor* erscheint. Der Beamte Friedrich Klein erfährt, als er aus seinem geordneten

Alltag ausbricht, seine innere Identität mit dem Mörder Wagner:

»Denn Wagner war er selber – Wagner war der Mörder und Gejagte in ihm, aber Wagner war auch der Komponist, der Künstler, das Genie, der Verführer, die Neigung zu Lebenslust, Sinnenlust, Luxus – Wagner war der Sammelname für alles Unterdrückte, Untergesunkene, zu kurz Gekommene in dem ehemaligen Beamten Friedrich Klein.«

GW 5. S. 267.

Das Schwanken zwischen beiden Polen löst sich für Klein erst im Tod.

In der Erzählung *Kinderseele* (1919) – ebenfalls später ein Teil der Sammlung *Klingsor* –, die sich thematisch eng an *Demian* anschließt, erlebt der Knabe gleich wie Emil Sinclair die Unvereinbarkeit der zwei Welten, setzt er sich durch seinen Feigendiebstahl der väterlichen Autorität gegenüber ins Unrecht, die er dennoch nur widerstrebend anerkennen mag. Der Konflikt zwischen Reue und Auflehnung (phantasierter Vatermord!) bleibt in dieser Erzählung, die nur *eine* Jugendepisode gestaltet, ungelöst.

In der späten Erzählung *Der Bettler* (1948) wird eine Begegnung aus früher Jugend geschildert, die bereits intensiv das Gefühl der polaren Spannungen zwischen der »kleinen heiteren Welt« des Elternhauses und der »geheimnisvollen und abgründigen Seite der Welt«, der der Bettler angehört, vermittelt.

Die Darstellung eines psychischen Konflikts durch die Entgegensetzung zweier einander zugeordneter Gestalten bildet das Grundmuster in Hermann Hesses Erzählen. Wie Emil Sinclair und Max Demian als zwei Seiten *einer* Person betrachtet werden können, so begegnen sich in Klein und Wagner, in Harry Haller und Hermine (*Der Steppenwolf*), in Narziß und Goldmund (im gleichnamigen Roman *Narziß und Goldmund*, 1930), um nur einige Beispiele zu nennen, ebenso zwei Seinsweisen, die einander scheinbar diametral

entgegengesetzt sind, sich jedoch im Innenraum der Psyche
als Einheit darstellen. So erkennt der »Steppenwolf« Harry
Haller in der Kurtisane Hermine sein anderes Ich.
Auch Narziß sieht schon früh in Goldmund sein Alter ego.
Ihre Freundschaft deutet er dem Freund als ein gegenseitiges
Erkennen.
Oftmals tragen die Gestalten, die der Zentralfigur als Alter
ego gegenübertreten, androgyne Züge. Sie weisen auf ihre
Fähigkeit zur Aufhebung der Gegensätze hin. So erscheinen
nicht nur in der Gestalt Max Demians und Frau Evas
männliche und weibliche Züge vereint, auch Hermine im
Steppenwolf gleicht Hallers Jugendfreund Hermann und
weckt als Jüngling verkleidet auf dem Maskenball Harrys
Leidenschaft. Ihr androgynes Wesen spiegelt dem in sich
zerrissenen »Steppenwolf« das Ideal der Ich-Einheit vor.
Der Weg in die Einheit, die Erlösung aus den einander
widerstreitenden Gegensätzen erscheint nicht selten als die
ersehnte Rückkehr zur Mutter, in deren Gestalt Mutter und
Geliebte verschmelzen.
Hermann Hesses Kritik an der »schreienden Veröung des
Geistes« in einer dem Zusammenbruch nahen Gesellschaft,
die sich bereits in *Demian* scharf artikuliert, entwickelt sich
in seinem späteren Roman *Der Steppenwolf* zur emotionsge-
ladenen Zivilisationskritik. Die moderne Technik, die zeitgenössische Kunst und Kultur, jedes Massenphänomen ist
dem »Steppenwolf« zutiefst verhaßt. Ihm, der mit seinen
Gefühlen und Überzeugungen fest in der humanistischen
Bildungstradition verwurzelt ist, erscheint die moderne
Lebensweise geradezu als Vernichtung menschlicher Kultur.
Auch im *Glasperlenspiel* (1943) wird das 19. und 20. Jahrhundert als eine Zeit des Niedergangs betrachtet, als »feuil-
letonistisches Zeitalter«. Als Gegenbewegung entstand der
Orden der Glasperlenspieler samt seiner Ordensprovinz
Kastalien. Hier werden in Eliteschulen hochbegabte Knaben
zum Dienst am Geist herangebildet. Die Keimzelle dieser
heroisch-asketischen Bewegung bildete der Bund der Mor-

genlandfahrer, der in Hesses Erzählung *Die Morgenlandfahrt* (1932) als eine Vereinigung von Ordensbrüdern
geschildert wird, die »nach dem großen Krieg« nach geistiger und seelischer Erneuerung streben.

Daß die Gestalten seiner Werke Masken seiner selbst sind
und ihr Lebenslauf eine Biographie der eigenen Seele, hat
Hermann Hesse wiederholt betont, beispielsweise in »Eine
Arbeitsnacht« (1928):

»Beinahe alle Prosadichtungen, die ich geschrieben habe,
sind Seelenbiographien, in allen handelt es sich nicht um
Geschichten, Verwicklungen und Spannungen, sondern sie
sind im Grunde Monologe, in denen eine einzige Person,
eben jene mythische Figur, in ihren Beziehungen zur Welt
und zum eigenen Ich betrachtet wird. [. . .] Für mich ist der
›Knulp‹ und der ›Demian‹, der ›Siddhartha‹, der ›Klingsor‹
und der ›Steppenwolf‹ oder ›Goldmund‹ jeder ein Bruder
des andern, jeder eine Variation meines Themas.«

GW 11. S. 81, 85.

In einem Brief aus dem Jahre 1954 äußert sich Hesse nochmals dazu:

»[. . .] vom ›Camenzind‹ bis zum ›Steppenwolf‹ und ›Josef
Knecht‹ können sie alle als eine Verteidigung (zuweilen auch
als Notschrei) der Persönlichkeit, des Individuums gedeutet
werden.«

GW 11. S. 13.

VI. Hesses politischer Standort

Hermann Hesses ambivalente Haltung gegenüber dem Kriegsgeschehen läßt sich nicht durch Hinweise auf ein politisches Credo erklären. Die Lektüre seiner politischen Schriften der Jahre 1914–1919 gibt indes Aufschluß über die Beweggründe, die den Dichter, der stets für Recht und Selbstverwirklichung des Einzelnen eintrat, im Umsturz des Krieges auf die Kräfte der Erneuerung einer untergehenden Gesellschaft hoffen ließen. Die vorliegende chronologische Auswahl aus Hesses politischen Äußerungen soll seine Haltung zu Politik und Kriegsgeschehen verdeutlichen.

Unmißverständlich prangert Hesse die Greuel des Krieges an, kritisiert er die nationalistische Engstirnigkeit der verfeindeten Völker, weiß er sich auf seiten der Leidenden, der Opfer. Jedoch tritt ihm der Krieg zugleich als auferlegtes Schicksal entgegen, das es, zum Besten der sich erneuernden Menschheit, zu erfüllen gelte.

In »Aus einem Tagebuch des Jahres 1914« ist am 8. Oktober 1914 zu lesen:

»Ich spüre als Reaktion auf diese zehn Tage voll Kriegsgeschichten und Schlachtberichten einen großen Ekel und sehe für Stunden wieder nur die Schweinerei und das furchtbare Leid, sonst nichts vom Krieg.«

Hermann Hesse: Politik des Gewissens. Die politischen Schriften 1914–1932. Vorw. von Robert Jungk. Hrsg. von Volker Michels. Bd. 1. Frankfurt a. M.: Suhrkamp, 1977. S. 26 f. – © 1977 Suhrkamp Verlag, Frankfurt am Main.

In der *Neuen Zürcher Zeitung* vom 3. November 1914 erscheint Hesses Aufsatz »O Freunde, nicht diese Töne!«:

»Wohlverstanden, dies geht nicht gegen die vaterländische Gesinnung und die Liebe zum eigenen Volkstum. Ich bin der letzte, der in dieser Zeit sein Vaterland verleugnen möchte, und es würde mir nicht einfallen, einen Soldaten

vom Erfüllen seiner Pflicht abzuhalten. Da man jetzt einmal
am Schießen ist, soll geschossen werden – aber nicht des
Schießens und der verabscheuungswürdigen Feinde wegen,
sondern um so bald wie möglich eine höhere und bessere
Arbeit wieder aufzunehmen! [. . .] Noch ein Wort für jene
vielen, die man unter diesem Krieg verzweifelnd leiden sieht
und denen jede Kultur, jede Menschlichkeit dadurch ver-
nichtet scheint, daß jetzt Krieg ist. Krieg war immer, seit
wir von Menschengeschicken wissen, und es waren keine
Gründe für den Glauben da, er sei aus abgeschafft. Es war
lediglich die Gewohnheit langen Friedens, die uns das vor-
täuschte. Krieg wird so lange sein, als die Mehrzahl der
Menschen noch nicht in jenem Goetheschen Reich des Geistes mitleben kann. Krieg wird noch lange sein, er wird
vielleicht immer sein. Dennoch ist die Überwindung des
Krieges nach wie vor unser edelstes Ziel und die letzte
Konsequenz abendländisch-christlicher Gesittung.«

GW 10. S. 413 f., 415 f.

Die Geringschätzung materieller Werte führt ihn zur Über-
schätzung der ideellen Werte, deren Erneuerung und Ver-
kündigung ihm mehr bedeuten als »das normale Leben der
Herdenmenschen«, wie er am 26. Dezember 1914 in einem
Brief an Volkmar Andreä bekennt:

»Die moralischen Werte des Krieges schätze ich im ganzen
sehr hoch ein. Aus dem blöden Kapitalistenfrieden heraus-
gerissen zu werden tat vielen gut, grade auch Deutschland,
und für einen echten Künstler, scheint mir, wird ein Volk
von Männern wertvoller, das dem Tod gegenübergestanden
hat und die Unmittelbarkeit und Frische des Lagerlebens
kennt. [. . .] Das gefällt mir eigentlich an diesem phantasti-
schen Krieg, daß er gar keinen ›Sinn‹ zu haben scheint, daß
es nicht um irgendeine Wurst geht, sondern daß er die
Erschütterung ist, von der ein Wechsel der Atmosphäre
begleitet wird. Da unsre Atmosphäre einigermaßen faul war,
kann der Wechsel immerhin Gutes bringen. [. . .] Viel lieber

als der Krieg ist mir das normale Leben der Herdenmenschen auch nicht, und viele von ihnen merken das jetzt auch
und kommen aus den Schlachten heim mit der Sehnsucht,
vernünftiger, schöner, besser zu leben als vorher. Wenn das
so ist, dann bringt der Krieg am Ende auch Gutes.«

GB 1. S. 255–257.

Sich selber begreift er in seiner Rolle als Schriftsteller als
»vorgeschobenen Posten der Menschheit«, dem es aufgetra-
gen ist, der Idee der Menschheit, und das bedeutet für Hesse
zugleich: der Idee der Menschlichkeit, zum Durchbruch
zu verhelfen. In einen Brief an Hans Sturzenegger vom
3. Januar 1917 heißt es:

»Einstweilen kann ich über meine Stellung in der Sache nur
das sagen: ich empfinde mich und andre Schriftsteller,
Künstler etc. als Fühler und vorgeschobene Posten der
Menschheit, welche zuerst das werdende Neue wittern. Sie
sprechen es aus, auch wenn noch niemand dran glauben
mag, auch wenn sie selber es noch nicht zu verwirklichen
wissen. [...] Aber ob heut oder morgen – jede Änderung in
der Welt, jede große neue Idee der Menschheit wird auf
meinem Wege kommen, auf dem Wege des Wagens, Hof-
fens und Ahnens, und nie wird irgendeine kommen auf dem
Wege des klugen Wissens, der Opportunität, der prakti-
schen Politik usw.«

Ebd. S. 343.

Aktives politisches Engagement jedoch ist ihm verhaßt, und
so bemüht er sich, als Intellektueller in einem vorgeblichen
Freiraum jenseits von Politik und Parteilichkeit zu wirken,
wie er in einem Brief vom 18. November 1918 an Emil Molt
schreibt:

»Mein Dienst und göttlicher Beruf ist der der Menschlichkeit. Aber Menschlichkeit und Politik schließen sich im
Grunde immer aus. Beide sind nötig, aber beiden zugleich

dienen, ist kaum möglich. Politik fordert Partei, Menschlichkeit verbietet Partei.«

Ebd. S. 382.

Trotz seiner politischen Zurückhaltung jedoch schreibt Hermann Hesse für den Frieden, ruft er die verfeindeten Nationen zur Verständigung auf. Wiederum in der *Neuen Zürcher Zeitung* veröffentlicht er am 30. Dezember 1917 den Artikel »Soll Friede werden?«:

»Der Friede ist da! Er ist da als Gedanke, als Wunsch, als Vorschlag, als still wirkende Macht, auf allen Seiten, in allen Herzen. Wenn jeder einzelne sich ihm öffnet, wenn jeder des festen Willens ist, dem Frieden zu helfen, ein Träger und Leiter seiner Gedanken, seiner Ahnungen zu sein – wenn jeder gutgesinnte Mensch jetzt eine kleine Weile nichts anderes will als dazu beitragen, daß der Friedenswille auf keine Störungen, keine Isolierschichten, keine Hemmnisse treffe, dann werden wir den Frieden haben.«

GW 10. S. 426.

Der Angelpunkt seiner Friedens- und Zukunftshoffnungen jedoch bleibt der einzelne Mensch, bleibt das Individuum in seiner Fähigkeit, die Unzerstörbarkeit der menschlichen Seele zu erkennen und anzuerkennen. Hesses Überlegungen zu »Krieg und Frieden« erscheinen am 6. Oktober 1918 unter dem Titel »Gedanken« in der *Neuen Zürcher Zeitung*:

»Woher aber wird vielleicht doch einst die wahre Friedfertigkeit auf Erden kommen? Nicht von Geboten und nicht aus materiellen Erfahrungen. Sie kommt, wie jeder Menschenfortschritt, aus der Erkenntnis. Alle Erkenntnis aber, wenn man darunter etwas Lebendiges und nicht Akademisches versteht, hat nur einen Gegenstand. Es wird von Tausenden und tausendfach anerkannt und in tausend verschiedenen Arten ausgedrückt, ist aber stets nur eine Wahrheit. Es ist die Erkenntnis des Lebendigen in uns, in jedem von uns, in mir und dir, des geheimen Zaubers, der gehei-

men Göttlichkeit, die jeder von uns in sich trägt. Es ist die
Erkenntnis von der Möglichkeit, von diesem innersten
Punkte aus alle Gegensatzpaare zu jeder Stunde aufzuheben,
alles Weiß in Schwarz, alles Böse in Gut, alle Nacht in Tag
zu verwandeln. Der Inder sagt ›Atman‹, der Chinese sagt
›Tao‹, der Christ sagt ›Gnade‹.«

GW 10. S. 438.

VII. Hesse und die Psychologie

Hermann Hesse hat sich nur in einem einzigen Aufsatz, der 1918 nach Abschluß des Demian-Manuskripts entstand, ausschließlich mit dem Verhältnis von Psychologie und Literatur beschäftigt. Der Aufsatz mit dem Titel »Künstler und Psychoanalyse« betont die herausragende Bedeutung der Psychoanalyse für den Dichter, dem sie den Kontakt mit dem eigenen Unbewußten, der Quelle seines Schaffens, eröffne und ihm den Weg weise, sich selber zu akzeptieren. Zugleich jedoch warnt er vor einer einseitigen psychoanalytischen Deutung literarischer Werke, die die künstlerische Intuition des Dichters und die ästhetische Qualität des Kunstwerks nicht angemessen zu schätzen wisse (H. H., »Künstler und Psychoanalyse«; GW 10, S. 47–53).

In dem später in der Zeitschrift *Corona* veröffentlichten Auszug »Aus einem Tagebuch des Jahres 1920« betrachtet Hesse die enge Beziehung zwischen seiner Dichtung und dem Verfahren und Ziel der Psychoanalyse:

»Dies ist auf andrem Gebiet dasselbe was die Psychoanalyse vom Patienten verlangt, und zum Teil ist ja mein Erlebnis und Versuch auch durch Freud und Jung angeregt: Wir sollen nämlich, wenigstens für ein einziges Mal, alle Werturteile weglassen und uns selber ansehen, so wie wir sind, oder wie die Äußerungen des Unbewußten uns zeigen, ohne Moral, ohne Edelmut, ohne all den schönen Schein, in unsren nackten Trieben und Wünschen, unsern Ängsten und Beschwerden.«

Zit. nach: Corona 3 (1932) H. 2. S. 208.

Daß der Blick ins Chaos immer auch der Blick ins eigene Innere ist und Dichtung eine Form der Selbstaussprache, bekennt Hesse in seinem Aufsatz »Eine Arbeitsnacht« (1928). Vgl. S. 73.

Die Chancen und Gefahren einer Dichtung, die ausschließlich Selbstdarstellung und Bekenntnis ist, hat Hesse indes

klar gesehen und ebenfalls in »Aus einem Tagebuch des
Jahres 1920« unmißverständlich ausgesprochen:

»Das Sichbefassen mit dem eignen Ich, das Beichten und
Bloßlegen kann aus einem Mittel zum Selbstzweck werden,
aus einer Kur zur Krankheit. Ich wünsche mir (und wenn
ich naiv genug wäre, würde ich sagen: ich gelobe mir) dies
nie zu vergessen und beim Beichten stets den Sinn des
Beichtens vor Augen zu behalten: daß es Opferung sein soll,
nicht Selbstgenuß.«

Ebd. S. 197 f.

Die folgenden knappen Auszüge aus den Schriften C. G.
Jungs dokumentieren die Nähe des Demian-Romans zu den
Erkenntnissen der analytischen Psychologie, mit der sich
Hermann Hesse während der Entstehungszeit des Werkes
intensiv auseinandersetzte.

Mit dem kollektiven Unbewußten befaßt sich C. G. Jung in
verschiedenen Schriften. In seinem Werk *Über die Archetypen des kollektiven Unbewußten* (1935) schreibt er:

»Eine gewissermaßen oberflächliche Schicht des Unbewußten ist zweifellos persönlich. Wir nennen sie das *persönliche
Unbewußte*. Dieses ruht aber auf einer tieferen Schicht,
welche nicht mehr persönlicher Erfahrung und Erwerbung
entstammt, sondern angeboren ist. Diese tiefere Schicht ist
das sogenannte *kollektive Unbewußte*. Ich habe den Ausdruck »kollektiv« gewählt, weil dieses Unbewußte nicht
individueller, sondern allgemeiner Natur ist, das heißt es hat
im Gegensatz zur persönlichen Psyche Inhalte und Verhal-
tensweisen, welche überall und in allen Individuen cum
grano salis die gleichen sind. Es ist, mit anderen Worten, in
allen Menschen sich selbst identisch und bildet damit eine in
jedermann vorhandene, allgemeine seelische Grundlage
überpersönlicher Natur.«

C. G. Jung: Gesammelte Werke. Bd. 9,1. Hrsg.
von Lilly Jung-Merker und Elisabeth Rüf. Olten:
Walter, 1976. S. 13 f. – © 1976 Walter-Verlag AG,
Olten.

In seiner Schrift *Das Grundproblem der gegenwärtigen Psychologie* (1931) wird darüber gesagt:

»Könnte man das Unbewußte personifizieren, so wäre es ein kollektiver Mensch, jenseits der geschlechtlichen Besonderheit, jenseits von Jugend und Alter, von Geburt und Tod, und würde über die annähernd unsterbliche menschliche Erfahrung von ein bis zwei Millionen Jahren verfügen. Dieser Mensch wäre schlechthin erhaben über den Wechsel der Zeiten. Gegenwart würde ihm ebensoviel bedeuten wie irgendein Jahr im hundertsten Jahrtausend vor Christi Geburt, er wäre ein Träumer säkularer Träume, und er wäre ein unvergleichlicher Prognosensteller auf Grund seiner unermeßlichen Erfahrung. Denn er hätte das Leben des Einzelnen, der Familien, der Stämme und Völker unzählige Male erlebt und besäße den Rhythmus des Werdens, Blühens und Vergehens im lebendigsten inneren Gefühl.«

Ebd. Bd. 8. ²1976. S. 383. – © 1967 Walter-Verlag AG, Olten.

In *Wandlungen und Symbole der Libido* (1912; später als Neuauflage mit dem Titel *Symbole der Wandlung*) führt C. G. JUNG aus:

»Man kann sagen, wenn es gelänge, alle Tradition in der Welt mit einem Male abzuschneiden, so würde mit der nächsten Generation die ganze Mythologie und Religionsgeschichte wieder von vorne beginnen. [...] Wie unser Körper in vielen Organen noch die Relikte alter Funktionen und Zustände bewahrt, so trägt unser Geist [...] immer noch die Merkmale der durchlaufenen Entwicklung und wiederholt das Uralte wenigstens in Träumen und Phantasien.«

Ebd. Bd. 5. 1973. S. 46, 49. – © 1973 Walter-Verlag AG, Olten.

Über die Rolle der Archetypen im Traum heißt es in C. G. Jungs Studie *Vom Wesen der Träume* (1948):

»Ich habe viele solcher Träume untersucht und fand an ihnen häufig eine Besonderheit, die sie vor anderen Träumen auszeichnet. Es kommen in ihnen nämlich symbolische Gebilde vor, denen wir auch in der Geschichte des menschlichen Geistes begegnen. Bemerkenswert ist, daß der Träumer von der Existenz solcher Parallelen keine Ahnung zu haben braucht. Diese Besonderheit gilt für die Träume des Individuationsprozesses. Es sind in ihnen sogenannte mythologische Motive beziehungsweise Mythologeme enthalten, die ich als *Archetypen* bezeichnet habe. Darunter sind spezifische Formen und bildmäßige Zusammenhänge zu verstehen, die sich in übereinstimmender Form nicht nur in allen Zeiten und Zonen, sondern auch in den individuellen Träumen, Phantasien, Visionen und Wahnideen finden. [...]
Alle jene Augenblicke des individuellen Lebens, wo die allgemeingültigen Gesetze menschlichen Schicksals die Absichten, Erwartungen und Anschauungen des persönlichen Bewußtseins durchbrechen, sind zugleich Stationen des Individuationsprozesses. Dieser Vorgang ist nämlich die spontane *Verwirklichung des ganzen Menschen*. Der ichbewußte Mensch bedeutet nur einen Teil des lebenden Ganzen, und sein Leben stellt noch keine Verwirklichung des Ganzen dar. Je mehr er bloßes Ich ist, desto mehr spaltet er sich vom kollektiven Menschen, der er auch ist, ab und gerät sogar in einen Gegensatz zu diesem. Da aber alles Lebende nach seiner Ganzheit strebt, so findet gegenüber der unvermeidlichen Einseitigkeit des Bewußtseinslebens eine beständige Korrektur und Kompensation von seiten des allgemein menschlichen Wesens in uns statt, mit dem Ziele einer schließlichen Integration des Unbewußten im Bewußtsein oder besser, einer Assimilation des Ich an eine umfangreichere Persönlichkeit.«

Ebd. Bd. 8. ²1976. S. 320 f., 322. – © 1967 Walter-
Verlag AG, Olten.

VIII. Literaturhinweise

1. Ausgaben

Demian. Die Geschichte einer Jugend. Von Emil Sinclair. Berlin: S.
    Fischer, 1919. [Erstausgabe.]
Hermann Hesse: Gesammelte Schriften. 7 Bde. Frankfurt a. M.:
    Suhrkamp, 1957. [»Demian« in Bd. 3, S. 99–257.]
Kindheit und Jugend vor Neunzehnhundert. Hermann Hesse in
    Briefen und Lebenszeugnissen. Ausgew. und hrsg. von Ninon
    Hesse. 2 Bde. Frankfurt a. M.: Suhrkamp, 1966–78.
Hermann Hesse: Gesammelte Werke in zwölf Bänden. Frankfurt
    a. M.: Suhrkamp, 1970. (werkausgabe edition suhrkamp.) [»De-
    mian« in Bd. 5, S. 5–163.]
– Gesammelte Werke in zwölf Bänden. Frankfurt a. M.: Suhrkamp,
    1987. (suhrkamp taschenbuch. 1600.) [»Demian« in Bd. 5, S. 5 bis
    163. – Zit. als: GW.]
– Gesammelte Briefe. In Zsarb. mit Heiner Hesse hrsg. von Ursula
    und Volker Michels. 4 Bde. Frankfurt a. M.: Suhrkamp, 1973–86.
    [Zit. als: GB.]
– Politik des Gewissens. Die politischen Schriften. 1914–1932.
    Vorw. von Robert Jungk. Hrsg. von Volker Michels. 2 Bde.
    Frankfurt a. M.: Suhrkamp, 1977.
– Demian. Die Geschichte von Emil Sinclairs Jugend. Frankfurt
    a. M.: Suhrkamp, 1974 [u. ö.]. (suhrkamp taschenbuch. 206.)

2. Bibliographien

Helmut Waibler: Hermann Hesse. Eine Bibliographie der Werke
    über Hermann Hesse. Bern/München 1962.
Otto Bareis: Hermann Hesse. 2 Tle. Basel 1962–64.
Martin Pfeifer: Hermann-Hesse-Literatur. Jg. 1 ff. Hanau 1964 ff.
Joseph Mileck: Hermann-Hesse-Bibliographie. Primär- und Sekun-
    därschrifttum in Auswahl. Berlin 1973.
– Hermann Hesse. Biography and bibliography. 2 Bde. Berkeley
    [u. a.] 1977.

3. Forschungsliteratur

Ball, Hugo: Hermann Hesse. Sein Leben und sein Werk. Berlin 1927. – Neuausg. Frankfurt a. M. 1977.

Bauschinger, Sigrid / Reh, Albert (Hrsg.): Hermann Hesse. Politische und wirkungsgeschichtliche Aspekte. Bern 1986.

Boulby, Mark: Hermann Hesse. His Mind and Art. New York 1967.

Dahrendorf, Malte: Der »Entwicklungsroman« bei Hermann Hesse. Diss. Hamburg 1955. [Masch.]

– Hermann Hesses »Demian« und C. G. Jung. In: Germanisch-Romanische Monatsschrift, N. F. (1958) S. 81–97.

Field, Georg Wallis: Hermann Hesse Kommentar zu sämtlichen Werken. Stuttgart 1977.

Freedman, Ralph: The Lyrical Novel. Princeton 1963.

– Hermann Hesse. Autor der Krisis. Frankfurt a. M. 1982.

Hsia, Adrian (Hrsg.): Hermann Hesse im Spiegel der zeitgenössischen Kritik. Bern 1975.

– (Hrsg.): Hermann Hesse heute. Bonn 1980.

Jahnke, Walter: Hermann Hesse: Demian. Ein er-lesener Roman. Paderborn/München [u. a.] 1984.

Karalaschwili, Reso: Der Romananfang bei Hermann Hesse. In: Jahrbuch der Deutschen Schillergesellschaft 25 (1973) S. 446 bis 473.

Kirk, Irina: Hermann Hesses »Demian«: Paradise Lost and Regained. In: Manfred Durzak / Eberhard Reichmann / Ulrich Weisstein (Hrsg.): Texte und Kontexte. Studien zur deutschen und vergleichenden Literaturwissenschaft. Festschrift für Norbert Fürst. Bern/München 1973.

Knüfermann, Volker: Kultus der Mythologien. Hermann Hesses »Demian«. In: Etudes Germaniques 40 (1985) S. 50–57.

Köhler, Karl-Heinz: Poetische Sprache und Sprachbewußtsein um 1900. Untersuchungen zum frühen Werk Hermann Hesses, Paul Ernsts und Ricarda Huchs. Stuttgart 1977.

Koester, Rudolf: Hermann Hesse. Stuttgart 1975.

Lämmert, Eberhard: Hermann Hesse – Einzelgänger für Millionen. In: Jahrbuch der Deutschen Schillergesellschaft 21 (1977) S. 533 bis 542.

Lüthi, Hans Jürg: Hermann Hesse. Natur und Geist. Stuttgart 1970.

Mendelssohn, Peter de: Von deutscher Repräsentanz. München 1972.

Michels, Volker (Hrsg.): Über Hermann Hesse. 2 Bde. Frankfurt a. M. 1976–77.
– (Hrsg.): Hermann Hesse. Sein Leben in Bildern und Texten. Frankfurt a. M. 1979.
– (Hrsg.): Materialien zu Hermann Hesses »Der Steppenwolf«. Frankfurt a. M. 1972 [u. ö.].
Middell, Eike: Hermann Hesse. Die Bilderwelt seines Lebens. Frankfurt a. M. 1975.
Mileck, Joseph: Hermann Hesse. Dichter, Sucher, Bekenner. Biographie. Aus d. Amerik. übers. von Jutta und Theodor A. Knust. Frankfurt a. M. 1987. [Deutsche Erstausg. München 1979.]
Nelson, Donald F.: Hermann Hesse's »Demian« and the Resolution of the Mother-Complex. In: The Germanic Review 59 (1984) S. 57–62.
Neuer, Johanna: Jungian Archetypes in Hermann Hesse's »Demian«. In: The Germanic Review 57 (1982) S. 9–15.
Newton, Robert P.: »Destiny« and Hesse's »Demian«. In: The German Quarterly 58 (1985) S. 519–539.
Pfeifer, Martin: (Hrsg.): Hermann Hesses weltweite Wirkung. Internationale Rezeptionsgeschichte. 2 Bde. Frankfurt a. M. 1977–79.
– Hesse-Kommentar zu sämtlichen Werken. München 1980.
Schiefer, Peter: Grundstrukturen des Erzählens bei Hermann Hesse. Diss. Münster 1959 [Masch.]
Schwarz, Egon (Hrsg.): Hermann Hesses »Steppenwolf«. Königstein i. Ts. 1980.
Stolte, Heinz: Hermann Hesse. Weltscheu und Lebensliebe. Hamburg 1971.
Unseld, Siegfried: Hermann Hesse – Werk- und Wirkungsgeschichte. Frankfurt a. M. 1986. [Rev. Fass. der Ausg. von 1973.]
Zeller, Bernhard: Hermann Hesse in Selbstzeugnissen und Bilddokumenten. Reinbek bei Hamburg 1981 [u. ö.].
Ziolkowski, Theodore: The Novels of Hermann Hesse. A Study in Theme and Structure. Princeton 1965.
– Der Schriftsteller Hermann Hesse. Wertung und Neubewertung. Deutsch von Ursula Michels-Wenz. Frankfurt a. M. 1979.

IX. Abbildungsnachweis

9 Haus Bischofstraße 4 in Calw. Seit 1854 Sitz des Calwer Verlags-
vereins. Wohnung Hermann Gunderts, des Großvaters des
Dichters, und ab 1886 der Familie Hesse. – Aus: Hermann
Hesse. Sein Leben in Bildern und Texten. Hrsg. von Volker
Michels. Frankfurt a. M.: Suhrkamp, 1979. S. 25, Abb. 10. (Fo-
to: Schweizerische Landesbibliothek, Bern.)

17 Zeichnung von Gusto Gräser. – Aus: Hermann Müller: Der
Dichter und sein Guru. Hermann Hesse – Gusto Gräser, eine
Freundschaft. Wetzlar: Gisela Lotz, 1978. S. 67.

26 Beata Beatrix. Gemälde von Dante Gabriel Rossetti (um 1863).
Tate Gallery, London. – Aus: Die englische Malerei. Von Ho-
garth bis zu den Präraffaeliten. Hrsg. von Albert Skira. Text von
Jean-Jacques Mayoux. Aus dem Frz. von Ursula Vogel-Roeder
und Catherine de Siebenthal. Genf: Skira, 1972. S. 247.

30 Abraxas-Gemmen aus spätantiker Zeit. – Aus: Walter Jahnke:
Hermann Hesse: Demian. Ein er-lesener Roman. Paderborn/
München [u. a.]: Schöningh, 1984. S. 104.

53 Titelbild der amerikanischen Taschenbuchausgabe des »Demian«, New York 1966. – Aus: Hermann Hesses weltweite
Wirkung. Internationale Rezeptionsgeschichte. Hrsg. von Martin Pfeifer. Bd. 1. Frankfurt a. M.: Suhrkamp, 1977. S. 159.

Erläuterungen und Dokumente

zu Brentano, *Geschichte vom braven Kasperl und dem schönen Annerl.* 8186

zu Büchner, *Dantons Tod.* 8104 – *Lenz.* 8180 – *Woyzeck.* 8117

zu Chamisso, *Peter Schlemihl.* 8158

zu Droste-Hülshoff, *Die Judenbuche.* 8145

zu Dürrenmatt, *Der Besuch der alten Dame.* 8130 – *Die Physiker.* 8189 – *Romulus der Große.* 8173

zu Eichendorff, *Das Marmorbild.* 8167

zu Fontane, *Effi Briest.* 8119 – *Frau Jenny Treibel.* 8132 – *Grete Minde.* 8176 – *Irrungen, Wirrungen.* 8146 – *Schach von Wuthenow.* 8152 – *Der Stechlin.* 8144

zu Frisch, *Andorra.* 8170 – *Biedermann und die Brandstifter.* 8129 – *Homo faber.* 8179

zu Goethe, *Egmont.* 8126 – *Götz von Berlichingen.* 8122 – *Hermann und Dorothea.* 8107 – *Iphigenie auf Tauris.* 8101 – *Die Leiden des jungen Werthers.* 8113 – *Novelle.* 8159 – *Torquato Tasso.* 8154 – *Urfaust.* 8183 – *Die Wahlverwandtschaften.* 8156 – *Wilhelm Meisters Lehrjahre.* 8160

zu Gotthelf, *Die schwarze Spinne.* 8161

zu Grass, *Katz und Maus.* 8137

zu Grillparzer, *Der arme Spielmann.* 8174 – *König Ottokars Glück und Ende.* 8103 – *Weh dem, der lügt!* 8110

zu Hauptmann, *Bahnwärter Thiel.* 8125 – *Der Biberpelz.* 8141 – *Die Ratten.* 8187

zu Hebbel, *Agnes Bernauer.* 8127 – *Maria Magdalena.* 8105

zu Heine, *Deutschland. Ein Wintermärchen.* 8150

zu Hesse, *Demian. Die Geschichte von Emil Sinclairs Jugend.* 8190

zu Hoffmann, *Das Fräulein von Scuderi.* 8142 – *Der goldne Topf.* 8157 – *Klein Zaches genannt Zinnober.* 8172 zu Ibsen, *Nora (Ein Puppenheim)*. 8185

zu Johnson, *Mutmassungen über Jakob*. 8184

zu Kafka, *Die Verwandlung*. 8155

zu Keller, *Das Fähnlein der sieben Aufrechten*. 8121 – *Kleider machen Leute*. 8165 – *Romeo und Julia auf dem Dorfe*. 8114

zu Kleist, *Amphitryon*. 8162 – *Das Erdbeben in Chili*. 8175 – *Das Käthchen von Heilbronn*. 8139 – *Michael Kohlhaas*. 8106 – *Penthesilea*. 8191 – *Prinz Friedrich von Homburg*. 8147 – *Der zerbrochne Krug*. 8123

zu J. M. R. Lenz, *Der Hofmeister*. 8177 – *Die Soldaten*. 8124

zu Lessing, *Emilia Galotti*. 8111 – *Minna von Barnhelm*. 8108 – *Miß Sara Sampson*. 8169 – *Nathan der Weise*. 8118

zu Th. Mann, *Mario und der Zauberer*. 8153 – *Der Tod in Venedig*. 8188 – *Tonio Kröger*. 8163 – *Tristan*. 8115

zu Meyer, *Das Amulett*. 8140

zu Mörike, *Mozart auf der Reise nach Prag*. 8135

zu Nestroy, *Der böse Geist Lumpazivagabundus*. 8148 – *Der Talisman*. 8128

zu Novalis, *Heinrich von Ofterdingen*. 8181

zu Schiller, *Don Carlos*. 8120 – *Die Jungfrau von Orleans*. 8164 – *Kabale und Liebe*. 8149 – *Maria Stuart*. 8143 – *Die Räuber*. 8134 – *Die Verschwörung des Fiesco zu Genua*. 8168 – *Wallenstein*. 8136 – *Wilhelm Tell*. 8102

zu Shakespeare, *Hamlet*. 8116

zu Stifter, *Abdias*. 8112 – *Brigitta*. 8109

zu Storm, *Hans und Heinz Kirch*. 8171 – *Immensee*. 8166 – *Der Schimmelreiter*. 8133

zu Tieck, *Der blonde Eckbert / Der Runenberg*. 8178

zu Wedekind, *Frühlings Erwachen*. 8151

zu Zuckmayer, *Der Hauptmann von Köpenick*. 8138

Philipp Reclam jun. Stuttgart